소설에서 만난 사회학

픽션보다 재미있는 사회학 이야기

소설에서 만난 사회학

픽션보다 재미있는 사회학 이야기

조주은 | 박한경

경북대학교출판부

조주은

서울대학교 사회학과를 졸업하고, 동 대학원에서 석사와 박사 학위를 받았다. 경북대학교 사회학과 교수로 있으면서 정보화 과정에서 소외되는 이들에게 사회학적 관심을 가지고 있다. 나를 찾아 쉬고 싶을 때 소설을 읽는다.

박한경

서울대학교 사회학과를 졸업한 후, 미국 예일대학교에서 박사과정을 수료했다. 늘 소설과 함께하며, 소설을 읽지 않는 시간에는 한국공학대학교에서 강의하고 있다.

사회과학교양총서 **2**

소설에서 만난 사회학

픽션보다 재미있는 사회학 이야기

초판 1쇄 2014년 2월 20일 ǀ **초판 6쇄** 2023년 1월 10일
지은이 조주은, 박한경 ǀ **펴낸이** 홍원화 ǀ **펴낸 곳** 경북대학교출판부
출판등록 1973년 10월 10일 ㉿97호 ǀ **주소** 대구광역시 북구 대학로 80
전화 053-950-3830 ǀ **팩스** 053-953-4692
이메일 press@knu.ac.kr ǀ **홈페이지** http://knupress.com
ISBN 978-89-7180-388-2 93330

원로 사회학자 피터 버거(Peter Berger)는 그의 저서 『사회학에의 초대 (Invitation to Sociology)』에서 사회학자에 관한 농담이 희귀함을 언급하고 있다. 그 이유 중 하나는 대중이 사회학에 대한 공유된 이미지 또는 이해를 형성하고 있지 못하다는 점이다. 비록 어떤 학문에 대해 대중이 갖는 이미지는 고정관념이거나 편향된 것일 경우도 많지만, 그렇게라도 대중적인 이미지가 형성되어 있다면 대중이 해당 학문에 다가가고 더 나아가 그 학문을 보다 정확히 이해하는 데 도움이 된다. 밤하늘의 별을 바라보며 별자리에 대한 낭만적인 상상을 하던 소년소녀 중 누군가가 나중에 천체물리학의 길을 걷게 되는 것처럼 말이다. 사회과학/인문학 분야에서 경제학, 정치학, 심리학, 철학, 인류학, 고고학, 문학 등은 긍정적이든 부정적이든 나름대로 강한 대중적 이미지가 형성되어 있다. 그리고 대중은 이런 학문 분야를 사회학보다는 더 잘 안다고 생각한다. 적어도 친숙하게 느끼는 것이다. 소설과 영화가 이 분야의 학자들을 빈번하게 등장시키는 것도 그래서 당연하게 보인다.

사회학이 다루는 소재와 주제가 무척 광범위하다는 사실은 분명 공유된 이미지의 형성에 도움이 되지 않는다. 대중은 물론 사회학을 전공으로 갓 선택한 대학 저학년생들마저도 사회학이 무엇을 대상으로 연구하는 학문인지 잘 모른다. 막연하게 사회를 연구하는 학문이라고 생각은 하지만, 사회를 연구하는 여타 학문들, 예를 들어 정치학, 법학, 경제학, 인류학, 커뮤니케이션학 등과 어떻게 다른지에 대해서는 대답하기 난감해한다. 각종 사회학 개론 교재들은 연구 대상에 대한 혼란만 더해 줄 뿐이며, 『사회학적 상상력』과 같은 매력적인 제목의 입문서들은 막상 읽어 보면 사회학을 이해하고 싶은 마음조차 사라지게 만들 만큼 대중이 읽기에 쉽지 않다. 그래서 와카바야시 미키오(若林幹夫)라는 사회학자는 『사회학 입문 한걸음 전(社會學入門一步前)』이라는 일종의 '개론의 개론'을 쓰기까지 했다. 사회학이 어떤 학문인지 모르면 그것을 희화의 대상으로도 조롱의 대상으로도 비난의 대상으로도 삼기 어렵다. 사회학은 농담의 소재도, 픽션의 소재도 되기 어려운 것이다. 그래서 사회학자가 주인공으로 등장하는 소설은 거의 없다. 소설에 빈번하게 노출되면 사회학도 조금 더 친숙하게 여겨질 수 있으련만……

삼십년 지기(知己)인 우리가 이 책을 함께 쓰기로 한 것은 소설을 좋아한다는 공통점 때문이다. 어느 날 우리는 오래간만에 만나 한가롭게 이야기를 하다가 소설 이야기를 하게 되었다. 소설 이야기는 어느새 소설 속에 등장하는 사회학 이야기로 이어졌고, 그러다가 소설 속의 사회학을 소재로 책을 써 보자고 의기투합했다.

대부분의 사람들처럼 우리도 연구하고 분석하기 위해 소설을 읽지는 않는다. 머리를 식히기 위해 읽거나 소설 그 자체를 즐기기 위해 읽는다. 읽는 장소도 다양하다. 집이나 연구실은 물론, KTX, 지하철, 비행기, 여행지, 카페 등에서 읽은 소설들도 많다. 소설을 많이 읽다 보니 사회학이나 사회학자가 등장하는 소설들을 드물게나마 만나게 되고, 사회학을 직업으로 삼고 있는지라 그런 소설들이 특히 기억에 남아 있었다. 소설을 통해 사회학을 만나면 좀 더 재미있게 사회학에 접근할 수 있지 않을까 하는 생각이 들었고, 사회학이 등장하는 소설들을 모아서 뭔가 사회학에 대한 이야기를 만들 수 있을 것 같았다. 그 노력의 결과가 이 책이다. 사회학이 등장하는 소설들을 만나기 힘들다면 그런 소설들을 알려 주겠다는 것도 이 책의 의도 중 하나다.

이 책에서 우리가 다루는 소설들은 소설 속에서 적어도 한 번 이상 사회학이 직접 언급된 작품들이다. 예외적으로, 미야베 미유키의 「모방범」과 폴 오스터의 「달의 궁전」에 대해 이야기할 때에는, 비록 사회학이 직접 언급되지는 않았지만 사회학적 시각 또는 사례가 뚜렷이 담겨 있는, 동일 작가의 작품 「화차」와 「잠겨 있는 방」을 각각 추가하여 함께 설명했다. 예외적인 작품이 하나 더 있다. 『병신 같지만 멋지게』는 사회학이 언급되지도 않고 게다가 소설도 아니다. 그러나 이 에세이를 읽어 보면 논픽션이라는 것이 느껴지지 않을 정도로 소설적인 재미가 있다. 특히 웃음을 참을 수 없는 코믹한 상황 묘사 속에서도 사회학적 관점의 중요한 출발점을 정확하게 포착하고 있어서, 소설이 아니지만 이 책을 소개하고 싶었다.

이 책 『소설에서 만난 사회학』은 크게 두 부분으로 이루어져 있다.

전반부에서는 소설에 묘사되는 사회학의 이미지를 다룬다. 안타깝게도 사회학을 긍정적으로 묘사하는 소설은 많지 않다. 소설 속의 사회학의 이미지를 살펴보는 것은 우리에게도 유쾌하기만 한 작업은 아니었다. 그러나 일종의 사회학의 자기성찰이라는 의미를 지니고 있는, 유익한 작업이었던 것은 확실하다. 대중이 소설을 읽으며 형성하게 되는 사회학의 이미지가 무엇인지를 파악하고 그 오해를 풀 수 있는 길들에 대해 생각해 볼 수 있는 기회였기 때문이다. 사회학과 사회학자가 긍정적으로 또는 정확하게 묘사된 작품들이 없진 않았다. 그런 작품들에 대해 설명한 부분을 읽을 때면 독자들은 우리의 흐뭇한 마음도 쉽게 읽어 낼 수 있을 것이다. 제1장에서는 사회학에 대한 부정적인 이미지를 그린 소설들을, 제2장에서는 긍정적인 이미지를 그린 소설들을 다루었다.

제3장부터 제7장까지는 책의 후반부에 해당한다. 여기에서는 사회학에 대한 일반인들의 오해를 해소하는 데에 중점을 두었다. 사회학의 탐구 대상이나 탐구 방법, 사회학의 매력 등에 대한 이야기를 시도했다. 좀 더 본격적으로 사회학에 대한 이야기를 한 것이다. 자칫 전반부와는 이질적인 부분이 될 수 있었지만, 소설 속에서 던져진 사회학적 단서나 화두를 중심으로 글을 전개해 나감으로써 전반부와의 연속성을 유지하려 노력했다. 제3장은 후반부의 서론과 같은 역할을

한다. 제4장부터는 각 장에서 한 권 또는 두 권의 소설 작품을 중심으로 각 작품에서 보이는 서로 다른 사회학 주제들을 가지고 자세히 이야기하고자 했다.

한 가지 강조하고 싶은 것은 이 책에서 담고 있는 것이 소설에 대한 사회학적 연구가 아니라 사회학에 대한 이야기라는 점이다. 즉, 우리는 소설을 문학사회학의 분석 대상이 되는 텍스트로 접근하지 않고, 소설 속에 담겨 있는 사회학에 대한 이야기에 초점을 맞추었다. 따라서 우리에게 소설은 데이터가 아니고 이야깃거리다. 사회학적 연구라면 소설들이 데이터로서의 대표성을 확보할 수 있도록 '표집'에 신경을 써야 했겠지만, 우리는 그동안 '자연스럽게' 읽었던 작품들 중 사회학이 언급된 소설들을 추려 냈을 뿐이다. 이 책에서 언급되는 모든 소설들은 저자인 우리들이 직접 즐기며 읽었던 책들이다. 대학생 시절에 읽었던 작품이 있는가 하면, 최근에 읽은 소설들도 포함되어 있다. 민감한 독자라면 우리가 다룬 작품들 중에서 장시간 비행기 여행 중에 읽었을 만한 소설과 작심하고 진지하게 읽은 소설들을 구별할 수 있을지도 모르겠다. 우리가 읽은 소설들의 일부를 보고 우리의 문학적 취향이 고상하지 못하다고 해도 할 말이 없다. 거듭 이야기하지만, 우리는 즐거운 시간을 보내기 위해 소설을 읽는다. 이러이러한 책을 쓰자고 주제를 정한 후에 그 주제에 맞는 소설들을 찾아 읽었다면 아마 작품들을 충분히 즐기지 못했을지 모른다. 그런 의미에서 우리의 작업은 즐거웠던 (어디까지나 '상대적으로'이기는 하지만) 면이 많다. 독자 여러분도 우리처럼 재미있게 소설을 읽으면서 동시에 사회학과의 멋진 만남도 즐기게 되기를 바란다.

이 책이 소설에서 언급된 사회학이나 사회학자를 소재로 삼는다고 하면서도 소설이 아닌 영화나 드라마가, 소수이기는 하지만, 등장하는 것에 대해 의아해하는 분이 있을지 모르겠다. 그럴듯한 변명을 하자면, 소설을 넓은 의미의 픽션(fiction)으로 보면 문제될 것이 없다. 하지만 현실적인 이유는, 우리가 소재로 포함시킨 두 편의 영화(〈사물의 비밀〉과 〈디스트릭트 9〉)와 한 시리즈의 드라마(〈결혼하지 않는다〉)는 소설이 아니라고 제외하기에는 아까웠고, 그렇다고 영화 속의 사회학이나 드라마 속의 사회학을 다루는 별도의 작업을 하기에는 그 수가 지나치게 적었기 때문이다. 우리는 언젠가 영화 속의 사회학과 드라마 속의 사회학을 이 책의 후속 시리즈로 내 보자는 이야기를 나누기는 했으나, 그것이 과연 이루어질 수 있을지는 의문이다. 그래서 일단 이 책에 이들 영화와 드라마를 포함시키기로 했다. 이 책에서 우리가 소설이라고 표현한 것은 정확하게는 픽션임을 밝혀 둔다.

글을 써 나가다 보니 글의 맥락에서 조금 벗어나더라도 조금 더 자세히 설명할 필요가 있는 부분, 중요하기는 하지만 다소 어렵거나 지루해서 책 전체의 흐름이 끊길지 모르겠다고 판단되는 부분, 독립적인 절로 만들기에는 빈약하지만 제외하고 싶지 않은 부분 등을 마주치게 됐다. 이런 부분들은 별도의 난을 만들어 본문 사이에 넣었다.

이 책이 나오기까지 적지 않은 분들의 도움을 받았다. 경제학자이지만 문학에도 조예가 깊은 줄리 리는, 우리가 새로운 읽을거리가 필요할 때면 언제나 작가나 작품의 정보를 척척 나누어 주었다. 그가 소개해 줬던 카밀레리, 만켈, 미유베 미야키의 작품들이 없었다면 이 책은 어딘가 더 허전해졌을 것이다. 김석연과 손민정의 각별한 관심과 격려는 이 책을 탈고할 때까지 보이지 않는 채찍질이 되었다. 불편을 감수하고 자신의 극작 작업실을 함께 쓰도록 내준 김민정 덕택에 '라이터스 블록(writer's block)'을 극복할 수 있었다. 글은 기본적으로 재미있어야 한다는 철학과 재미있게 만드는 능력을 지닌 이동욱의 도움으로 이 책이 보다 흥미롭게 탄생할 수 있었다. 사회과학 교양총서로서 이 책의 발간에 도움을 주신 경북대학교 사회과학연구원의 배양일 원장님과 편집위원들, 좋은 의견을 주신 익명의 심사위원들, 그리고 경북대학교출판부의 김용훈 실장님과 남정이 선생님에게도 감사의 마음을 전한다.

제1장

나는 사회학이 싫어요
소설에서 발견한 사회학

인디아나 존스는 고고인류학자 중 아마도 가장 유명한 학자일 것이다. 픽션 속의 허구 인물이기는 하지만 그는 고고인류학의 긍정적 이미지 형성에 크게 기여했음이 틀림없다. 사회학자의 입장에서는 그저 부럽기만 하다.

소설을 읽다 보면 어떤 학문 분야나 그 분야의 학자 및 학생들이 등장하는 경우를 접하게 된다. 건조하고 딱딱한 학문도 소설 속에서는 실제보다 더 재미있어 보인다. 특정 분야의 학자가 주인공이거나 또는 특정 학문 분야가 배경이 되는 소설이 베스트셀러가 되면 그 학문 분야의 인기도 덩달아 올라가는 경향이 있다. 소설로 인한 광고 효과를 톡톡히 누리는 것이다.

영화나 드라마의 경우는 그 효과가 더 극적이다. 미국에서 법조계를 다룬 드라마 시리즈 〈LA Law〉가 인기를 끌었을 때는 법학전문대학원 진학률이, 종합병원 응급실이 배경인 드라마 시리즈 〈ER〉이 시청률 상위를 기록했을 때는 응급의학을 전공의(專攻醫) 과정으로 지원하는 비율이 증가했다는 이야기도 있다. 그 정도까지는 아니더라도, 어쨌든 인기 픽션 속의 학자나 학문은 대중이 그 학문에 호감을 갖게 하는 데 일조한다. 최근 한국의 젊은이들 사이에서도 인기를 누리고 있는 미국의 시트콤 시리즈 〈빅뱅이론〉 덕분에 물리학을 좀 더 친근하게 여기는 사람들이 많아진 것 같다. 이 시트콤에서 물리학은 유연한 학문, 우리의 일상을 설명해 줄 수 있는 결코 추상적이지 않은 학문으로 그려지고 있고, 물리학도와 물리학자들은 세상 물정에는 어둡지만 순진하고 재치 넘치는 천재들로 묘사되고 있다. 이 시트콤을 본 고등학생들이 물리학이 매력 넘치는 학문이라고 이야기하는 것을 들은 적도 있다.

캐나다 작가 얀 마텔(Yan Martel)의 「파이 이야기(Life of Pi)」의 주인공 파이는 대학에서 동물학과 종교학을 전공했다. 그는 어려서부터 힌두교와 기독교와 이슬람교에 관심을 가졌고 세 가지 신앙을 함께 갖게 된다. 아버지가 동물원을 경영한 까닭에 동물들은 파이의 삶에 있어서 중요한 부분을 차지한다. 그런데 인도에서 캐나다로 이민 가는 도중에 배가 난파하고 파이와 벵골호랑이 한 마리만 생존하게 된다. 굶주린 맹수와 좁은 구명보트에서 200일 이상 함께 지낸다는 것은 하루하루가 삶을 위한 사투임을 의미한다. 신들에 대한 믿음과 동물원에서 터득한 동물들에 대한 지식은 파이의 기적적 생존의 기반이었다. 캐나다에 정착한 후 대학에 입학해서 파이가 선택한 전공인 동물학과 종교학은 그의 삶의 경로를 반영한 필연적인 귀결이다. 그리고 주인공이 자신의 전공에 무한한 애착을 가지고 있는 것이 소설 속에서 읽힌다. 이 소설 속에 그려진 동물학과 종교학은 살아 꿈틀거리는 듯 활력이 넘치는 동시에 심오함을 지니고 있는 것처럼 보여서, 이 소설을 읽고 누군가가 대학에서 동물학이나 종교학을 전공하기로 결심하게 된다 해도 전혀 이상할 것이 없다.

영국 작가인 줄리언 반스(Julian Barnes)의 소설 「예감은 틀리지 않는다(The Sense of an Ending)」에는 역사학이 등장한다. 이 소설은 화자인 주인공 토니가 경험하는 '기억'을 소재로 다루고 있다. 토니가 기억하고 있던 대학시절 연애 경험과 그 경험에서 비롯된 일련의 사건들이 인생 후반부에서 전혀 새로운 모습으로 되살아나면서 이야기가 전개되는데, 이 소설 전체를 지탱하는 구조는 소설 초반부에 묘사되는 고등학교 시절 역사 수업 시간에서의 토론 장면에서 이미 설정된다. 역사 수업 시간에, 토니의 지적인 친구이자 이 소설의 또 다른 중요한 축을 구성하는 인물인 아드리언은 역사를 "기억의 결함과 기록의 불충분함이 만나는 지점에서 발생하는 필연성"이라고 정의한다. 이 소설은 이런 역사학적 가정이 개인의 기억에 적용되었을 때 드러나게 되는 충격적인 일들의 전개를 묘사하고 있다. 이 작품을 접하는 독자들은 마치 역사학이 삶의 비밀을 푸는 중요한 열쇠인 것처럼 느끼게 된다.

그런데 사회학이나 사회학자에 호감을 갖게 하는 소설은 거의 없다. 세상의 모든 소설을 다 읽어 보지 못했으니 어딘가에 영웅적인 사회학자의 모습을 그린 작품이 없으란 법은 없겠지만(전혀 없는 것은 아니다. 영웅적인 사회학자 글렌 베이트먼에 대해서는 뒤에서 다루기로 하겠다), 그래도 '소설 속의 사회학'을 연구한 사회학자들은 사회학이 소설에서 또는 소설가들로부터 천대받고 있다는 데 동의한다.[1] 특히 크레이머 (Kramer)는 "(사회학자들이) 자신들과 자신들의 학문이 대중 소설에 부정적으로 투사되고 있다는 사실을 일반적으로 인식하고 있다."라고 단언한다.[2] 크레이머의 분석 이후 30여 년이 지난 지금도 사정은 크게 나아지지 않은 것 같다. 콩클린(Conklin)은 소설 대신 1915년에서 2009년 사이

---

[1] 소설에 그려진 사회학의 이미지에 대한 연구들은 버거(Berger, 1963), 크레이머(Kramer, 1979), 비요르클룬드(Bjorklund, 2001), 콩클린(Conklin, 2009)의 연구를 참조할 것.

[2] John Kramer(1979), "Images of Sociology and Sociologists in Fiction," *Contemporary Sociology*, p. 356.

에 제작된 할리우드 영화에 등장하는 사회학/사회학자/사회학도를 분석했는데, 여전히 대부분의 영화는 사회학을 쓸모없고 하찮은 주제들을 연구하는 학문 분야로 묘사하고 있는 것으로 나타났다. 우리가 읽은 소설들도 사정은 크게 다르지 않다.

사회학은 이유 없이 싫다 – 「다른 종류의 결함」

토마스 벨러(Thomas Beller)의 단편소설 「다른 종류의 결함(A Different Kind of Imperfection)」[3]의 주인공인 알렉스는 대학교 2학년 학생이다. 겨울 방학을 맞아 집에 돌아온 주인공에게 어머니가 학교생활에 대해 이것저것 물어 보다가 학교 공부에 대해 질문한다. 아들의 답은 "음, 사회학을 전공하지 않을 거라는 것, 그것만은 확실히 말할 수 있어요(Well, I'm not gonna major in sociology, that's all I can say for sure)."였다. 사회학자들의 가슴을 아프게 만드는 대답이다.

주인공은 뉴욕주에 있는 명문 인문대학(liberal arts college)의 하나인 배사대학(Vassar College)에 다니고 있다. 대부분의 인문대학에서는 저학년 때 다양한 과목을 섭렵하다가 늦어도 3학년이 되기 전까지는 전공을 결정한다. 미국은 9월에 신학기가 시작되므로 주인공은 이제 세 학기를 마쳤을 것이다. 전공을 결정해야 할 때이다. 그런데 왜 사회학은 전공하지 않을 것이라 단언하는 것일까? 소설에서는 전혀 그 이유가 언급되지 않는다.

3 이 소설은 토마스 벨러의 소설집 「Seduction Theory」(1995)에 실려 있다.

이 짧은 소설에 적어도 세 개의 학문 분야가 등장한다.

첫 번째는 정신분석학이다. 알렉스가 열 살이었을 때 사망한 그의 아버지는 정신과 의사였다. 아버지가 돌아가신 후에도 여전히 어머니는 남편의 기억과 함께 살고 있다. 집은 아버지가 생존했던 당시의 상태 거의 그대로 유지되어 있고, 아버지의 서재도 그대로다. 아버지의 서재에는 지그문트 프로이트의 전집이 꽂혀 있다. 알렉스는 그중 한 권을 빼서 펼쳤는데, 그 책의 첫 장 제목이 '근친상간의 공포'다. 그는 제목을 보자마자 누구에게 들키면 큰일이라도 날 듯 책을 황급히 제자리에 꽂아 둔다.

소설에서 명시적으로 드러나지는 않지만(따라서 독자마다 해석이 다를 수 있겠지만), 알렉스와 부모님 사이에는 오이디푸스 콤플렉스적인 관계가 암시되어 있다. 어렸을 때 아버지가 돌아가셨는데도 알렉스는 아버지의 그늘 아래서 자랐다. 그가 처음 피운 담배는 아버지의 책상 서랍 안에 있던 오래된 담배였고, 그가 처음 마신 술도 아버지가 모아 둔 술이었다. 그리고 아버지의 서재에서 아버지가 읽었던 책을 읽는다. 알렉스는 아버지와 어머니가 미남미녀라고 묘사한다. 그런데 어머니의 외모에 대해서는 "눈부시다", "여신 같다" 등의 형용사로 극찬하는 반면, 아버지에 대해서는 "잘 생겼지만 원숭이 같은 느낌"도 있다고 설명한다. 작품 전반에 아버지에 대한 묘한 경쟁의식과 어머니와의 설명하기 힘든 긴장관계가 두 사람에 대한 애정과 함께 스며들어 있다. '근친상간의 공포'라는 제목에 보인, 알렉스의 당황해하는 반응은 이들의 관계를 암시해 주는 소설적 장치라고 볼 수 있겠다. 아버지 서재의 정신분석학 책들은 과거의 지적인 아버지와 현재의 알렉스를 이어 주는 중요한 매개물이고, 동시에 등장인물들의 관계를 보여 주는 틀로 사용되고 있다.

두 번째 학문 분야는 고고학이다. 알렉스는 아버지의 책 중에서 특히

버지니아 울프(Virginia Woolf)가 쓴 책 『등대로(To the Lighthouse)』에 깊은 관심을 갖고 읽어 보게 된다. 아버지는 책을 읽을 때 밑줄을 긋거나 여백에 메모를 해 가며 읽었는데, 이 책에서 아버지가 밑줄을 그어 놓은 문장들이 알렉스의 눈길을 사로잡는다. "그녀는 행복을, 최상의 행복을, 강렬한 행복을 알았었다."와 같이 주로 남녀 간의 사랑과 행복에 관련된 문장들에 밑줄이 그어져 있는 것을 발견하게 된다. 이런 표현들이 이 책을 읽을 당시의 아버지와 어머니의 관계를 드러내는 것일 거라고 알렉스는 추측하면서, 책의 밑줄들과 집에 남아 있는 흔적들을 통해 두 사람의 애정의 깊이를 유추해 내려고 노력한다. 그러나 자신이 이해할 수 있는 것은 표면적인 부분일 뿐이고 그보다 더 깊이 파헤칠 수 없다는 것을 깨닫게 된다. 이 상태를 알렉스는 "발굴을 하다 암반에 부딪혀서 더 깊이 파 내려가지 못하고 좌절하는 고고학자"에 비유한다. 고고학은 진실을 파헤치기 위해 열심히 노력하는 과정의 상징, 즉 숭고한 좌절의 표상으로 사용되었다.

정신분석학과 고고학에 비하면 이 소설에서 사회학은 홀대받는 느낌이다. 아들이 사회학만은 전공하지 않겠다는데 어머니는 이유도 궁금해하지 않고 바로 다른 질문으로 대화를 이어 간다. 정신분석학에 부여한 무게라든지 고고학에 반영시킨 진중함과는 달리 사회학에는 가벼움과 무관심만 입혀져 있다. 물론 주인공이 사회학을 전공으로 선택하지 않은 데에는 충분히 납득할 만한 이유가 있었을지도 모른다. 단지 그 이유가 소설의 흐름에 별로 중요하지 않아서 굳이 묘사하지 않았을 뿐이고, 우리도 그렇게 믿고 싶다. 어쨌든 이 소설에서 사회학은 이유 없이 싫은 학문으로 비춰지고 있는 것이 사실이다. 마치 이유를 설명하지 않아도 당연히 모두가 수긍하리라고 기대하는 것 같다.

무능력한 사회학 전공자 - 「용의자 X의 헌신」

다른 학문과의 비교에서 사회학이 평가 절하되는 듯한 묘사는 히가시노 게이고의 인기 추리 소설 「용의자 X의 헌신」에도 등장한다. 이 소설에서 흥미로운 부분은 물리학자와 수학자의 논리 대결이라고 할 만하다. 유카와 마나부는 대학의 물리학 교수인데 대학시절 친구인 형사 쿠사나기 슌페이를 도와 범죄 수사에 결정적인 기여를 하고는 한다. 이시가미 테츠야는 수학의 천재

『용의자 X의 헌신』(현대문학, 2006)

지만 여러 가지 사정으로 대학에 남지 못하고 현재는 고등학교에서 수학을 가르치는 교사이며, 수학과 옆집 여자 외에는 관심이 없는 은둔형 외톨이에 가까운 인물이다. 유카와, 쿠사나기, 이시가미 이 세 사람이 이야기의 중심인물들이고, 이들은 모두 같은 대학 출신이다.

이시가미는 자신이 짝사랑하는 이웃집 여자 모녀가 살인을 했다는 것을 알게 되고 이들의 범죄를 숨기기 위해 고도로 수학적이고 논리적이며 빈틈이 없어 보이는 알리바이를 만들어 준다. 쿠사나기는 이 사건을 담당한 형사로서 이시가미의 이웃집 여인을 용의자로 여기나, 완벽한 알리바이의 벽에 막혀 친구 유카와의 도움을 빌린다. 유카와는 용의자의 이웃집 남자가 대학시절 친구였던 천재 수학도 이시가미라는 사실을 알게 되는데, 용의자 알리바이의 논리적 완벽함에 이시가미가 연관되었으리라는 가정으로부터 사건에 접근한다.

이 소설은 이시가미를 자세히 묘사할 때마다 수학의 숨은 매력과 기능도 함께 설명하고 있다. 수학이 이런 것도 하나 싶은 것 — 예를 들면 모든

지도는 네 가지 색을 칠해 구분할 수 있다는 것을 증명하는 것 — 들을 소개하면서 독자의 흥미를 돋운다. 이시가미가 수업 시간에 학생과 나누는 다음의 대화는 사소한 일상도 수학적 설명이 가능하다는 것을 보여 준다.

> "미적분이 무슨 소용이 있어. 시간 낭비야."
>
> 기말시험 문제를 해설하려고 칠판으로 돌아서던 이시가미는 모리오카의 그 말에 뒤를 돌아보았다. 그냥 흘려들을 수 없는 말이었다.
>
> "모리오카는 오토바이 좋아하지. 오토바이 레이스 본 적 있어? […] 레이서들은 일정 속도로 달리는 게 아냐. 지형이나 풍향에 따라 속도를 바꿔야 하고, 전략적으로도 끊임없이 속도를 바꿔. 어디서 참았다가 어디서 가속을 할지, 한순간의 판단이 승부를 가르는 거지. 알겠어?"
>
> "그건 알겠는데, 그게 수학과 무슨 관계에요?"
>
> "그 가속하는 정도가 바로 그 시점에서 속도의 미분이야. 나아가 주행거리란 것은 시시각각 변화하는 속도를 적분한 것이고. 레이스에서는 당연히 모든 오토바이가 똑같은 거리를 달리므로 이기기 위해서는 속도의 미분을 어떻게 할 것인가가 중요한 포인트가 돼. 어때, 이래도 미적분이 아무 소용이 없어?"
>
> ―『용의자 X의 헌신』, p. 159

이시가미에 따르면, 수학의 본질은 문제를 푸는 것이 아니라 사물과 현상을 이해하게 하는 것이다. 수학을 알면 삶이 풍요로워질 것 같다는 생각이 들게 한다.

그런데 이 소설에서 이시가미의 수학적 천재성은 사랑하는 사람의 살인을 은폐하는 데 사용된다. 유카와 역시 수학의 무한한 가능성과 함께 잠재적 치명성을 인식하고 있다. 이시가미가 살인의 공범일 가능성에 대해 쿠사나기 형사와 유카와는 이런 대화를 나눈다.

"[……] 놈은 수학의 천재일지는 몰라도 살인에는 아마추어야."
"똑같은 거야."
유가와는 태연하게 말했다.
"그에게는 살인이 더 쉬울 게 뻔해."

— 『용의자 X의 헌신』, p. 247

수학적 논리를 적용하면 완벽한 살인도 가능하다는 이야기다.

수학이 이시가미를 통해 매력을 발산한다면, 물리학은 유카와를 매개로 존재를 뽐낸다. 유카와는 물리학의 천재이며, 이시가미와는 달리 관심 분야도 다양하다. 본업은 물리학자이지만, 물리학에 기반을 둔 관찰과 논리와 추론을 동원해서 미궁에 빠진 형사 사건들을 해결해 낸다. 경찰에서는 그를 갈릴레오 선생 또는 갈릴레오 탐정이라고 부른다.[4] 유카와의 가장 강력한 무기는 관찰이다. 그는 주의 깊은 관찰을 통해 사건의 실마리를 찾아낸 후 논리의 퍼즐을 맞춰 나간다. 이것은 바로 경험적이고 실증적인 물리학의 가장 기본적인 전제와 부합한다. 그의 물리학적 배경은 범죄 해결뿐만 아니라 돈을 버는 데도 활용된다. 유카와는 대학

---

4 작가 히가시노 게이고는 그의 작중 인물 유카와 마나부를 여러 편의 작품에 등장시키는데, 유카와가 등장하는 작품들을 통칭 갈릴레오 시리즈라고 한다. 이 시리즈의 작품들로는 『탐정 갈릴레오』(1998), 『예지몽』(2000), 『갈릴레오의 고뇌』(2008), 『성녀의 구제』(2008), 『한여름의 방정식』(2011), 『허상의 도화사』(2012), 『금단의 마술』(2012) 등이 있다. 『용의자 X의 헌신』(2005)은 갈릴레오 시리즈의 세 번째 작품에 해당한다.

원 시절에 '자계톱니바퀴'라는 것을 고안해서 미국의 기업에 팔기도 했다. 유카와라는 캐릭터를 좇아가다 보면 도대체 물리학이 해낼 수 없는 것은 무엇일까 하는 의문이 생기게 된다.

수학과 물리학의 '위력'에 비해 사회학의 존재는 주변적이다 못해 희미하다. 소설 속에서 이야기를 풀어 나가는 중요한 축 중의 하나인 쿠사나기 형사는 대학에서 사회학을 전공했다.

> "그 형사, 동기생이야."
> [……]
> "동기생?"
> "배드민턴부. 그 친구, 우리와 같은 테이도대학 출신이야. 사회학부
> 였지. [……] 그 사람에게 테이도대학 이공계 졸업생은 동기생도 아
> 냐. 자신과는 인종이 다르다고 생각하지."
>
> – 『용의자 X의 헌신』, pp. 115~116

소설에 등장하는 테이도대학은 가공의 학교인데, 여러 정황으로 보아 명문대라고 볼 만하다. 히가시노 게이고의 작품에 통달한 것으로 보이는 어느 일본 독자에 의하면, 테이도대학은 도쿄대학이나 교토대학을 모델로 삼았을 가능성이 크다고 한다.[5] 수학의 난제들을 척척 풀어내는 수학 천재(이시가미)와 학계에서 명성을 날리는 물리학자(유카와)를 배출한 학교라는 점, 유카와가 연구비를 풍족하게 쓴다는 점, 유카와의 연구

---

5 〈探偵ガリレオ〉 홈페이지, 2007. 11. 9, http://horseground.cocolog-nifty.com/blog/2007/11/post_2fc9.html.

실에 대학원생이 여러 명 있다는 점 등이 근거의 일부다. 그렇다면 쿠사나기 형사도 명문대 출신이라는 말이 된다. 그런데 명문대에서 사회학을 공부한 이 형사는 수학 교사가 파 놓은 논리의 함정에 빠지는가 하면, 형사로서 본연의 책임인 사건 해결을 물리학자 유카와에게 의존하고는 한다. 심지어 이공계 졸업생은 자신보다 더 능력 있다고 생각한다. 수학과 물리학과 사회학의 삼자 대결에서 사회학의 참패다. 쿠사나기의 무능함이 마음에 들지 않았는지, 앞서 언급한 독자는 테이도대학이 이공계만 뛰어난 명문이고 인문사회계는 평범한 대학일 것이라고 결론지었다.

물론 등장인물들의 전공을 가지고 학문의 삼자 대결 운운하는 것은 매우 비논리적이고 억지스러운 주장이다. 유카와와 이시가미는 대학 졸업 후에도 각각 물리학과 수학을 계속 연구해 온 전문 학자들이고 쿠사나기는 학자가 아니다. 이 소설 속 캐릭터들의 직업이 요구하는 전문성에 있어서 사회학은 물리학과 수학에 필적하지 못한다.

적어도 형사를 사회학 전공으로 그린 것은 현명한 설정이다. 범죄사회학이라는 세부 분야도 있듯이 사회학이 범죄 수사에 기여할 수 있는 부분은 많다. 그러나 아쉽게도 쿠사나기에게 사회학은 희미한 기억의 뒤꼍에 머물러 있어서, 물리학 연구로 밥벌이를 하는 물리학자와, 수학을 열정적으로 사랑하는 수학 교사를 상대로 사회학의 아름다움을 역설하기에는 역부족이다. 게다가 유카와와 이시가미는 천재이지만 쿠사나기는 보통 사람일 뿐이다. 그리고 무엇보다도 결정적으로, 전자의 두 사람이 소설의 주인공인 반면, 쿠사나기는 비중 있는 역이어도 어쨌든 조연이다. 이 소설에서 물리학과 수학은 부각되어 있지만, 사회학은 아예 관심의 대상이 아닌 것이다.

그렇다 하더라도, 사회학과 출신 형사가 수학도와 물리학자 앞에서 한

없이 작아지는 모습은 사회학자 입장에서 보면 안타깝기 그지없다. 특히 쿠사나기와 친구 사이인 유카와는 사회학과 출신보다 더 사회학적으로 사고하고, 쿠사나기의 비논리성을 조롱하는가 하면, 심지어 그에게 사회학적인 조언을 하기까지 한다. 소설 내용에서 구체적인 예를 들어 보자.

쿠사나기는 수사 과정에서 후배 형사에게 이런 말을 한다.

"자네 말이야, 짐작으로 의견을 제시하는 건 좋지 않아."

－『용의자 X의 헌신』, p. 190

평범한 말이지만, 검증할 수 있는 증거가 없이 결론에 도달해서는 안 된다는 가장 기본적인 사회학의 방법론적 명제가 담겨 있다. 역시 사회학을 전공한 흔적이 보인다.

그런데 유카와가 보기에는 쿠사나기가 그런 말을 할 처지가 아니다. 쿠사나기는 자신의 후배 형사 앞에서 유카와에게 논리의 결여 때문에 조롱을 당하기까지 한다.

"[……] 유카와 선생님의 소문은 많이 들었습니다. 몇 번이나 수사에 협력해 주셨다고요. 갈릴레오 선생님의 성함은 우리 과에서 유명합니다."

유카와는 미간을 찌푸리며 손을 흔들었다.

"그런 호칭은 그만두게. 좋아서 협력한 게 아니니까. 이 남자의 비논리적인 사고를 보다 못해 입을 열었던 것뿐이니까. 자네도 이 남자와 같이 행동하다 보면 뇌가 딱딱하게 굳어 버릴 거야."

－『용의자 X의 헌신』, p. 90

물론 빈정거림이 아니라 애정 어린 타박이기는 하다. 그런데 쿠사나기와 유카와의 다음 대화는 사회학과 출신자와 물리학자의 역할이 뒤바뀐 형국이다.

"남의 자전거에 함부로 앉지 마."
"괜찮아. 주인은 금방 안 올 테니까."
"어떻게 알아?"
"주인은 이걸 여기에 두고 지하철역으로 갔어. 이웃 역까지만 갔다 하더라도 돌아올 때까지 삼십 분은 걸려."
쿠사나기는 커피를 한 모금 마시고 진저리를 쳤다.
"저런 데서 소프트아이스크림을 먹으면서 그런 생각을 했어?"
"인간 관찰은 나의 취미니까. 자네도 한번 해 봐. 얼마나 재미있는지 몰라."

− 『용의자 X의 헌신』, p. 247

인간 관찰은 사회학의 가장 기본적인 방법론적 도구다. 그런데 오히려 사회학 전공자 쿠사나기가 물리학자 유카와한테서 인간 관찰을 해 보라는 조언을 듣고 있다. 사회학의 체면이 말이 아니다. 쿠사나기는 형사로서는 유능하나, 그의 유능함의 비결은 사회학적 배경을 범죄 수사에 적용하는 것이 아니라 천재 물리학자를 친구로 두고 있다는 점이다. 적어도 독자들에게는 그렇게 비춰진다. 전반적으로 「용의자 X의 헌신」에서 사회학은, 정확히 말하자면, 사회학을 공부한 쿠사나기 형사는 물리학자와 수학자에 비해 무능한 존재로 그려지고 있다.

사회학은 유사과학?

사실 사회학은 물리학과 먼 사촌지간이다. 더욱이 사회학이 초기에 사회물리학으로 불린 적도 있었다는 것을 감안한다면 물리학이 사회학에 훈수를 두는 것이 부자연스럽게 여겨지지 않을 수도 있다. 일반적으로 과학은 이론의 정립이 목적인데, 이때 이론은 실증적인 연구에 의해 검증될 수 있어야 한다. 과학에서 관찰과 실험이 중요한 이유는 이것들이 이론의 검증과 확립에 필수적인 실증적 연구의 과정을 구성하기 때문이다. 사회학은 사회의 연구에 이런 과학적 방법을 적용한다. 물리학을 비롯한 자연과학과 마찬가지로 사회학에서 관찰과 실험은 중요한 부분이다. 그런데 사회학의 이런 특징 때문에 소설들 속에서는 사회학이 과학의 흉내를 내는 유사과학 정도로 그려지는 경우가 많다. 적당히 과학의 흉내만 내고 연구 대상이 사회에서 관찰되는 무언가라면, 정통과학을 공부한 사람들은 상대적으로 쉽게 사회학자 행세를 할 수 있다는 것이다.[6]

이는 유카와와 쿠사나기의 관계에서도 보이는 특징 중 하나다. 주의 깊은 관찰이 생명인 범죄 수사 과정에 유카와는 거리낌 없이 개입하나, 쿠사나기는 유카와를 경외심 가득한 눈으로 바라보는 존재로 소설에서 묘사된다.

도움이 안 되는 전공, 사회학 - 「차나 한잔」

김승옥의 단편소설 「차나 한잔」의 주인공도 사회학과 출신이다. 주인공 이(李)의 넋두리를 먼저 들어 보자.

---

6 크레이머(Kramer, 1979)의 연구를 참조할 것.

이른바 일류 대학을 지망했다가 실패하자, '나만 열심히 하면 어느 대학이고 어떠랴' 하고 들어간 정원 미달의 어느 삼류 대학 사회학과를 마치고, 입대하여 훈련을 마치자 어쩌다가 떨어진 게 정훈이었고 정훈에서 어쩌다가 맡은 게 군내 신문 편집이었고 그리고 어쩌다가 보니까 거기에서 만화를 그리고 있었고 제대하여 취직할 데를 찾던 중 어느 회사의

『무진기행』(문학동네, 2004)

굉장한 경쟁률의 입사시험에 응시했다가 떨어지고 그러나 거기에서 함께 응시했다가 함께 미역국을 먹은 여자와 사랑하게 되어 사랑하는 이를 위해서는 모험이라도 불사하겠다는 각오로 군대에 있을 때의 어설픈 경험으로써 대학 동창 하나가 기자로 들어가 있는 신문에 그 친구의 소개로 만화를 연재하게 되었고, 밥값이 생기자 그 여자와 결혼식은 빼어 버린 부부가 되어, 한 지붕 밑에 여러 세대가 살고 있는 이 집의 방 한 칸을 세내어 들고 오늘에 이르렀음.

– 『무진기행』, p. 216

주인공은 신문에 만화를 연재하는 만화작가다. 저명한 만화가는 아니고, 언제 자신의 만화가 지면에서 자리를 잃게 될지 몰라 전전긍긍하는 삼류 작가다. 최근 들어 만화가 '기사 폭주'를 이유로 실리지 않는 날이 많아지게 되자, 주인공은 조만간 해고당하리라는 예감과 그 스트레스로 인한 배탈에 시달리게 되었다. 이 단편소설은 그가 신문사로부터 해고를 당하는 날 하루를 아침부터 밤까지 묘사하고 있다.

주인공은 자신이 그다지 재능 있는 만화가가 아니라는 것을 스스로 알고 있다. 소재를 떠올리는 것도 쉽지 않고, 독자를 웃기는 것은 더 어렵다. 그가 만화가가 된 것도 만화에 대한 열정이 있다거나, 재능이 있다거나, 아니면 체계적인 훈련을 받아서가 아니다. 우연히, 어떻게 하다 보니 신문에 만화를 연재하는 만화작가가 되어 있었다. 대학 진학률이 매우 낮았던 당시에 대학 출신이라는 점, 그리고 대학 동창이 기자라는 점이 "어설픈 경험"밖에 없음에도 불구하고 어엿이 신문에 연재하는 만화가로 자신을 만들어 준 것인지도 모른다. 주인공은 자신의 직업에 대한 애착이라든지 자부심은 없고, 생활도 궁핍하다. 만화가 당당하게 문화의 한 장르로 자리 잡은 요즘과 달리, 소설의 배경인 1960년대에는 만화와 만화가의 사회적 위상이 매우 낮았다는 사실을 감안하면, 주인공의 낮은 자존감과 궁핍은 자연스러운 설정이다. 그런데 주인공은 일류 대학을 지망했고 "굉장한 경쟁률"의 회사에도 지원했었다. 아마도 그에게 꿈과 현실 사이의 괴리는 매우 컸을 것이다. 그런데도 주인공은 현실을 극복하고자 하는 각오를 별로 보여 주지 않고, 쉽게 낙담하는 경향이 있다. 아내와 서로 사랑하고 있다는 것 정도가 이 주인공의 유일한 장점이다.

주인공이 궁핍하고 궁상맞고 궁색하다는 사실과 그가 사회학을 전공했다는 점 사이에는 아무런 인과관계가 없을 수도 있다. 사회학 전공보다는 삼류 대학 출신이라는 것이 현 상태의 직접적인 원인일 수 있고, 본인의 성격이나 성장배경이 더 중요한 원인일 수도 있겠다. 그러나 이런 인물이 소설의 주인공이라는 점은 사회학의 이미지 제고에 도움이 되지 않는다. 이 소설에서 사회학은 주인공의 인생에 별로 기여하지 못하는 전공이다. 처음부터 사회학이 삶에 어떤 도움이 될 것이라는 기대나 사회학을 공부해서 미래를 위해 어떻게 활용하겠다는 구체적인 계획을 가지고 선택한 전공이 아니다. 그냥 명문대에 불합격하니까 적당히 맞춰서 들어간 과다. 법관이 되기 위해서, 정치가가 되기 위해서, 경영자가 되기 위해서 들어가는 법학과, 정치학과, 경영학과와는 달리 사회학과는 거창한 꿈이 없는 사람들이 그냥 어쩌다 들어가는 학과인 것 같기도 하다. 주인공이 졸업 후에 "대학에서 배운 것을 팔아먹고 싶다고 앙탈"부리고 싶어도 소용없다(『무진기행』, p. 217). 실생활에 적용할 수 있는 학문이 아니다 보니 결국은 전공과 거리가 먼(그리고 사회적으로 그다지 존중받지 못하는) 만화가가 되어 있다. 직업을 선택하는 데, 삶의 질을 높이는 데 아무런 도움이 되지 않는 학문, 이 소설에서 암시된 사회학의 모습이다.

그러나 엄밀히 말하면, 주인공의 만화작가 경력에 사회학이 큰 영향을 미치고 있다. 만화가가 되기까지의 우연적 인과의 사슬을 보면 각 마디가 어느 정도는 설득력 있는 관계를 형성하고 있다. 사회학 배경 때문에 군대에서 정훈병과를 배정받고, 군내 신문 편집을 담당하게 됐다는 것은, 전통적으로 사회학 전공자 중 다수가 언론계로 진출해 온 것과 일맥상통한다. 사회학을 통해 사회에 대한 지식과 통찰력 및 분석력을 갖추고 거기에 만화로 표현할 수 있는 재능이 결합된다면 능력 있는 시사만화가가 충분히 될 수 있을 것이다. 이 소설의 주인공도 아마 신문 사회면에 실리는 네 컷 만화나 만평(漫評)을 그리는 시사만화가라고 추정된다.

> 그러나 얼른 얘깃거리가 생기지 않는다. 삼분폭리(三粉暴利)를 할까?
> 한일회담을 취급하자. 아니, 그건 지난번에도 그려 가지고 갔었다.
> 신문엔 나지 않고 말았지만. 평범한 가정물로 하나 생각해 보자.
> ─『무진기행』, p. 215

그가 고민하는 소재들은 이 단편소설의 배경인 1960년대의 중요한 사회적, 정치적 쟁점들이다.[7] 이 책의 후반부에 사회학의 연구 대상과 연구 방법에 대해 조금 더 자세히 언급을 하겠지만, 사회적 사건들과 그 사건들을 둘러싼 사회세력들의 역학관계, 사건의 사회구조적 배경 등은 바로 사회학적 탐구의 전형적인 대상들이다. 「차나 한잔」의 주인공이 만화가로서의 재능이 있고, 자신의 일에 대한 열정과 자부심을 가지고 있었다면, 사회학은 든든한 배경이 되었을 것이다.

인정머리 없는 사회학 교수 – 「라하트 하헤렙」

조성기의 소설 「라하트 하헤렙」은 1960년대 후반에서 1970년대 초반 즈음이 시대적 배경이다. 이 소설에는 사회학 교수, 정확하게는 사회학 개론을 강의하는 교수가 등장한다. 캐릭터들의 대화 중에 잠깐 언급되므로 독자들은 그 교수의 총체적인 면모에 대해 알 수 없고, 극히 단편적인 정보만 접할 뿐이다. 그런데 독자들이 알 수 있는

『라하트 하헤렙』(민음사, 2013)

그 단편적인 정보가 사회학 교수에 대해 그리 호의적이지 않은 것이다.

---

7 삼분 폭리 사건은 1963년에 당시 집권당이던 민주공화당이 유력 재벌들로부터 뇌물을 받고 그 대가로 재벌들이 폭리를 취하게 해 준 사건이다. 뇌물을 제공한 기업들이 생산하고 유통시키는 품목들이 밀가루, 설탕, 시멘트로, 모두 가루라는 공통점이 있어서 삼분-즉 세 가지 가루-폭리 사건이라고 칭한다. 이 소설에서 지칭하는 한일회담은, 한국 사회의 전반적인 반일감정에도 불구하고 공화당 정부가 일본과 경제적 협력관계를 맺기 위해 회담을 조속하게 추진한 것을 말한다.

소설의 등장인물인 동순이는 무용을 전공하는 대학생이다. "귀신이 들어와서" 학교를 휴학하고 낙향해 있다. 동순이는 주인공 성민이 군종병으로 복무하고 있는 군대 교회에 자주 들르기 때문에 군종병들과 자연스럽게 친분을 맺게 된다. 사회학 교수는 군종병인 손 일병과 동순이 사이의 대화에 등장한다. 동순이가 미치게 된 이유는, 교수 입장에서는 억울하기 짝이 없겠지만, 사회학 교수 때문이다. 동순이는 중년의 사회학 교수를 짝사랑했었다.

"나, 그이 목소리만 들어도 행복하고 그이가 걸어가는 모습만 보아도
기분이 삼삼했지."
"그랬는데?"
"그랬는데……."
그녀가 대답을 하려다 말고 손 일병을 멍하니 쳐다보았다. 손 일병은
그녀의 두 큰 눈에 눈물이 괴어 올라오는 것을 보았다. 손 일병은 지
금 그녀의 대답이 중요한 것임을 느끼고 내심 조바심이 났다.
"그랬는데?"
"그랬는데……, 그이가 나에게 욕을 했어."
그녀의 눈에서 눈물이 잦아들어 가면서 다시 아무렇지도 않은 표정
으로 대답을 하였다.
"어떤 욕을?"
"숙제를 안 해 왔다고 멍텅구리라고 했어."
손 일병은 갑자기 쿡, 웃음이 나오려는 것을 간신히 참았다.
"무용학과면 춤이나 출 일이지, 왜 사회학 개론은 신청해서 공부도
하지 않고 멍텅구리 밥통같이 돌아다니느냐."

그녀는 교수의 목소리를 제법 익살스럽게 흉내 내었다. 자기에게 큰 고통을 안겨 주었을 그 교수의 욕을 태연히 그대로 흉내 내고 있는 그녀가 안쓰럽기까지 했다.

"그래, 일주일 동안 학교도 안 가고 방 안에 처박혀 있었나?"

"그이가 날 미워하는데 내가 왜 학교엘 가? 나 그 욕 듣고 교실에서 그냥 기절했다가 의무실에서 깨어났다."

그녀는 무슨 자랑거리라도 늘어놓는 듯 고개를 까닥거리기까지 하며 배시시 웃었다.

"그래, 방 안에 처박혀 있을 때 귀신이 들어갔구나."

"그래, 그때 들어왔다."

- 『라하트 하헤렙』, pp. 168~169

사회학 교수는 동순이가 자신을 사랑하는지도 모르고 있었다. 동순이의 완전한 짝사랑이다. 그런데 사회학 교수의 무신경한 말이 동순이의 폭발 직전인 정신분열 상태에 불을 놓은 결과를 가져왔다. 학생에게 "멍텅구리 밥통" 운운하는 교수의 '욕'을 21세기의 기준으로 판단하기에는 무리가 있다. 이 말이 현재의 대학 강의실에서 내뱉어졌다면, 인터넷 어디선가 UCC로 떠돌다가 SNS의 개입으로 급격히 확산된 끝에 학생 인권 침해 사건으로 비화될 만한 일이다. 그 결과 네티즌은 교수의 사과와 학교 측의 교수 징계를 강력히 요구하고, 학생을 인격체로 존중하지 않는 교수 사회의 풍토에 대한 범사회적인 질타가 이어질 법도 하다.

그러나 1960년대는 학생과 교수와의 관계가 지금과는 많이 달랐을 것이다. 숙제를 안 해 온 학생에게 교수가 멍텅구리라고 타박 좀 주었다 한들 큰 문제는 아니었을 것이다. 그렇더라도 정서적으로 예민한 시기의 여학생을 다른 학생들 앞에서 꾸중하는 것은 사려 깊은 행동으로 보이지 않는다. 게다가 "무용학과면 춤이나 출 일이지 왜 사회학 개론은 신청"했느냐는 말에는 무용을 전공하는 여학생에 대한 편견도 스며 있는 것처럼 보인다. 편견과 고정관념이 사유에 개입하는 것을 저지하고 검증 가능한 근거에 기반해서 현상을 분석할 것을 추구해야 하는 사회학자가 자기방어 능력이 없는 학생에게 편견 섞인 꾸중을 하는 모습, 이런 자기부정적이고 이율배반적인 모습이「라하트 하혜렙」에서 묘사된 사회학자다.

기능론과 갈등론

「라하트 하혜렙」에는 사회학을 실생활에 직접 적용한 내용도 있다. 사회를 바라보는 사회학적 시각을 이야기할 때 가장 빈번하게 등장하지만, 상반된 관점인 갈등론과 기능론으로 대학 동창들을 구분하는 대목이다.

그 훈병들은 하나하나 그리운 대학 동창들의 얼굴로 변해 갔다. 그 얼굴들이 매운 가스에 할퀸 불그죽죽한 눈들을 하고 주먹을 불끈 쥐어흔들며 구호들을 외쳐 대고 있었다. 그들은 사회학적인 용어를 빌려 스스로 갈등론자(또는 학파)라고 자처하였다. 반면에 도서관에서 고시 공부에 열중하고 있는 학생들은 갈등론자들을 은근히 경계하며 구조기능론적 입장을 취했다. 갈등론자들은 주장하기를, 이 사회의 계층 간에 마찰이 생기고 갈등이 생기고 정반의 소리가 엇갈리는 가운데 역사는 변증법적으로 발전해 나가는 것이므로 캠퍼스의 끈질긴 시위 사태는 우려할 만한 게 결코 아니며 오히려 사회가 살아 있고 역사가 진보하고 있는 표징이라고 하였다. 그러나 구조기능론자들은 사회의 각계각층이 제 기능에 충실한 가운데 안정을 누리는 것이 성숙된 사회의 표징이라고 주장하면서 정치는 정치인에게 맡기고 학생은 모름지기 보다 나은 미래의 봉사를 위해 공부에 전념함으로써 맡은 바 직분에 성실해야 된다고 하였다. 그렇게 캠퍼스에는 갈등론과 구조기능론의 양대 주류가 도도히 흐르고 있었는데 그 둘 사이에 어느 쪽에도 속하지 못하고 내면적으로 고민만 하고 있는 나와 같은 패들도 초라하게 끼여 있었다. 그런 패들에게 구태여 명칭을 붙인다면 내부갈등론자들이라고 할까. 아무튼 갈등론자이든 구조기능론자이든 내부갈등론자이든 일단 캠퍼스에 매운 가스가 피어올랐다 하면 신체적으로 갈등을 느끼기는 매일반이었다.

-『라하트 하헤렙』, p. 80

갈등론은 권력과 자원의 불평등한 분배가 사회구조와 맺는 관계에 더 큰 관심을 갖고 사회 현상을 설명하려는 입장이고, 기능론은 사회의 각 부분이 상호 의존하며 사회의 균형을 이루고 사회를 존속시켜 나가는 메커니즘에 주로 관심을 갖는 입장이다. 두 입장이 상반된 시각을 가지고 있으나, 사회의 다양한 현상을 논리적인 사고의 틀 안에서 일관되게 설명을 해보고자 하는 시도임은 동일하다. 독자들이 사회학에 관심을 갖게 되어 사회학 이론을 공부하게 된다면 맨 처음 접하게 될 시각도 이 두 이론적 관점일 가능성이 크다.

매력 없는 잡동사니 -「영국 남자의 문제」

「영국 남자의 문제(The Finkler Question)」는 영국 작가 하워드 제이콥슨(Howard Jacobson)의 작품이다. 이 소설에는 레오니 립먼이라는 사회학자가 등장하는데, 이 인물의 차림새가 예사롭지 않다.

방을 둘러보던 핑클러는 구전(口傳)사회학
자이자 사회심리학자인 레오니 립먼의 깜박
이는 빨간 눈꺼풀과 마주쳤다. 핑클러는 옥
스퍼드 시절 그녀가 짧은 치마로 유명한 문
학이론가일 때부터 알았다. 당시 그녀가 맨
다리를 턱까지 끌어올리고 자리에 앉으면
마치 털을 두른 고양이처럼 그녀 주위로 그
의 연한 오렌지색 머리카락보다 훨씬 더 진

『영국 남자의 문제』(은행나무,
2012)

한, 불타는 듯 빨간 머리카락이 무성하게 자리를 잡았다. 이제 그녀는
머리카락을 짧게 깎았고 그 불길도 거의 사라졌다. 에스닉풍의 레깅
스와 짧은 치마 역시 사라지고, 이날 그녀는 하레 크리슈나의 드롭 크
로치 승마바지를 입었다. 핑클러가 이해할 수 없는 스타일이었다. 왜
여자는 바지가 꼭 낄 만큼 잔뜩 자란 아기처럼 옷을 입고 싶어 할까?
그녀가 말을 할 때마다 그는 방에서 냄새가 나는 것처럼 코를 돌렸다.

- 『영국 남자의 문제』, p. 249

"빨간 눈꺼풀"은 정확히 말하면 빨갛게 칠한(화장한) 눈꺼풀이다. "하
레 크리슈나의 드롭 크로치 승마바지"는 가랑이가 갈라지지 않고 무
릎 근처까지 축 처진, 그러면서 다리에 꼭 끼인 인도-뉴에이지풍의 바
지를 연상하면 된다. 구글(Google) 홈페이지 검색창에 'Hare Krishna'
와 'jodhpurs', 그리고 'dropped crotch'를 각각 입력해서 이미지 검색을
해 본 후 그 이미지들을 조합하면 레오니 립먼의 현재 패션을 머리에 그

릴 수 있을 것이다. 바로 "바지가 꼭 낄 만큼 잔뜩 자란 아기처럼 옷을 입고" 있는 모습이다.

레오니 립먼은 젊었을 때의 옷차림도 남달랐다. 짧은 미니스커트에, 앉으면 온몸을 감쌀 만큼 긴 불타는 듯 빨간 머리, 그리고 맨다리 상태로 "무릎을 턱까지 끌어올리고" 앉는다. 나신을 머리카락으로 가리고 앉아 있는 모습이 연상된다. 파격적이기는 하지만 그래도 젊은 나이에는 그럴 수 있으려니 생각할 수도 있다. 그런데 현재의 나이를 생각하면 "꼭 끼는 하레 크리슈나의 드롭 크로치 승마바지"와 "빨간 눈꺼풀"은 자연스럽다고 보기 어렵다. 핑클러는 장성한 세 자녀를 두고 있다. 큰 딸은 변호사가 되어 있고 막내가 대학생이니 핑클러는 대략 초로(初老)의 나이다. 립먼과 핑클러는 같은 시기에 대학을 다닌 동창생이므로 립먼의 나이도 핑클러와 비슷하리라. 그렇다면 립먼도 초로의 나이라는 이야기다. 지긋한 나이의 여인의 이런 옷차림을 "핑클러가 이해할 수 없는" 것도 무리는 아니다. 긍정적으로 보면 립먼은 타인의 시선을 의식하지 않고 자기주장이 강한 자유로운 감각의 소유자로 보인다. 역으로, 그녀의 차림새가 타인의 시선을 끌려는 필사적이고 애처로운 노력으로 보일지도 모르겠다. 분명한 것은, 핑클러뿐만 아니라 많은 사람들이 그녀의 패션 감각을 괴팍하다고 또는 주책없다고 볼 것이라는 점이다.

관습과 규범에 별로 얽매이지 않아 보이는 이 여성의 직업이 바로 "구전사회학자이자 사회심리학자"다. 부끄러운 말이지만, 우리도 구전사회학(oral sociology)이 무엇인지 모른다. 동료 사회학자들에게 물어 봐도 아는 사람이 없다. 여기에 사회학의 또 다른 약점이 드러난다(강점일 수도 있지만). 사회학은 앞에 어떤 단어를 붙여도 그럴듯한 사회학의 하위 분야가 된다. 문화사회학, 예술사회학, 음악사회학, 문학사회학, 스포츠 사회학, 노동사회학, 정치사회학, 경제사회학, 조직사회학, 계층사회학, 역사사회학, 법사회학, 종교사회학, 지역사회학, 농촌사회학, 도시사회학, 산업사회학, 군대사회학, 과학사회학, 기술사회학, 젠더사회학, 성(性)사회학 등등, 끝없이 나열할 수 있을 정도다. 이 수많은 사회학들 중에 아무도 들어 본 적이 없는 구전사회학이 있다 해도 놀랄 일이 아니다. 이는 자칫 사회학이 고유의 영역이 없이 이것저것 잡동사니를 연구하는 학문으로 인식되기 쉽게 한다. 그리고 아무것이나 연구할 수 있는 학문은 아무것도 깊이 있게 연구할 수 없는 학문으로 보일 가능성이 높다. 그뿐만 아니라 정체성 위기를 겪는 학문으로도 보이게 한다. 이 소설에서 사회학은 꼴사나운 패션 감각의 여성이 연구하는 정체불명의 학문으로 제시되어 있다.

이 소설에서는 철학이 중요한 소재로 광범위하게 등장한다. 주인공 중 한 사람이고 소설의 원제목인 "The Finkler Question"을 장식하고 있는 인물인 핑클러가 철학자이기 때문이다. 옥스퍼드대학에서 철학을 공부한 핑클러는 자신감이 넘치고 자존심이 강한 인물이다. 그는 철학을 알기 쉽게 설명하고 실생활에 접목시키기도 함으로써 대중적인 철학자로 성공했다. 그는 『부엌의 실존주의자(The Existentialist in the Kitchen)』, 『가정의 금욕주의에 대한 작은 책(The Little Book of Household Stoicism)』 등의 실용적인 철학서를 집필했고, TV에서는 "쇼펜하우어가 어떻게 사람들의 애정 생활에 도움을 주고, 헤겔이 집안을 장식하는 데 어떤 도움을 주며, 비트겐슈타인이 어떻게 비밀번호를 기억하는 데 도움을 주는지를 보여 주는 프로그램"(『영국 남자의 문제』, p. 37) 및 "파스칼과 프렌치키스를 접목시킨 프로그램"(『영국 남자의 문제』, p. 39) 등을 만들어 인기를 끌었다.

주인공 중 또 다른 한 사람인 트레스러브는 핑클러에게 열등감을 느끼는데, 그가 열등감을 갖는 많은 이유 중 하나가 핑클러가 철학자라는 사실이다. 열등감을 극복하기 위해 철학 공부를 시도하고 철학 서적들을 읽어 보지만 곧 "아무리 시간을 들여도 따라갈 수 없는 개념이나 추론"에 막혀(『영국 남자의 문제』, p. 44) 포기하고 만다. 트레스러브가 보기에 철학은 어려운 학문이고 이런 어려운 학문을 하는 사람들은 대단한 사람들이다. 독자들 역시 트레스러브를 통해 철학의 어려움과 철학자의 깊이 있는 사고에 공감하게 된다. 게다가 이 소설에서 그려지는 철학은 어렵고 대단하기는 하지만 실용성이 없어서 대중들로부터 외면받는 학문이 아니라 일상생활의 소소한 측면들을 이해하게 도와주고 나아가 일상생활에 얼마든지 응용할 수 있는 실용적인 학문으로 묘사된다. 그렇다면 철학이란 정말 멋진 학문이 아닌가?

핑클러라는 인물이 현학적이고 자기과시욕이 강하며 출세지향적인 것으로 묘사되어서 그의 철학 실용서도 철학을 가장한 얄팍한 상술 정도로 (트레스러브에게) 비판받기는 하지만, 따라서 철학의 위대함과 실용성도 덩달아 약간 손상되지만, 적어도 이 소설 속에서 철학과 사회학의, 철학자와 사회학자의 일대일 대결에서는 철학의 압승이다. 핑클러가 립먼을 만난 곳은 "부끄러운 유대인들"이라는 모임의 회합에서인데, 이 회합에서 핑클러와 또 한 명의 철학자인 타마라 크라우츠는 논리정연하게 자신들의 생각을 발언하고 설득하는 반면, 립먼은 사람들이 공감하지 않는, 논리가 개입할 여지가 없는, 짧고 감정 섞인 문장들만 간헐적으로 내뱉을 뿐이다. 핑클러는 레오니 립먼과 권위 있는 여성 철학자 타마라 크라우츠를 이렇게 비교한다.

'낭랑하고 절제된 그녀의 목소리는 늘어지고 머뭇대던 레오니 립
먼의 말투를 꾸짖는구먼.' 핑클러는 생각했다. 그녀의 옷 역시 레오
니를 부끄럽게 했다. 레오니는 누구도 이름 붙일 수 없는 어느 지역
의 ─ 핑클러가 붙일 수 있는 최선의 이름은 에스니그라드 인민공화
국이었다 ─ 원주민처럼 입은 반면 타마라는 패션 컨설팅 회사의 중
역처럼 사무적이고 부드럽고 여성스러운 모습으로 사람들 앞에 나타
났다.

─『영국 남자의 문제』, p. 252

인문학의 위기를 논할 때 가장 많이 언급되는 분야가 철학인데, 이 소
설의 묘사만 두고 본다면 철학은 얼마든지 가능성이 있는 학문, 사회학
은 소멸되어도 사람들이 그다지 아쉬워하지 않을 학문인 것 같다.

사회학의 정체성, 구전사회학?

구전사회학(oral sociology)이 무엇인지 우리도 궁금해서 찾아봤지만, 어
디에서도 납득할 만한 정보를 발견할 수 없었다. 찾아본 것 중 그나마 구
전사회학에 가장 가까운 것은 '시각사회학(visual sociology)'이었다. 시각
사회학도 구전사회학만큼이나 생소한 학문인데, 그래도 이 분야는 국제
시각사회학회(International Visual Sociology Association)라는 단체와 학
술지 및 공식 홈페이지(http://www.visualsociology.org)까지 갖추고 있는
번듯한 학문이다. 시각사회학은 '사회, 문화, 사회적 관계 등의 시각적 연
구'를 추구하는 분야로서, 시각적인 이미지, 데이터, 자료 등을 활용하고
분석하여 사회학적인 연구를 수행하는 학문이다.

따라서 사진, 비디오, 영화 등이 이 학문이 분석하고자 하는 데이터를 구

성한다. 데이터 수집에 있어서도 시각적인 기록매체, 즉 카메라나 비디오 카메라 등을 적극적으로 활용하고, 연구 결과의 정리 및 전달 역시 시각 매체를 이용하고자 한다.

시각사회학이 사회생활의 시각적 측면에 관심을 갖는다면, 구전사회학은 아마도 사회생활의 언어적 측면에 관심을 가질 것이다. 그런데 사회학 분야에서는 언어사회학이라는 학문이 이미 언어를 연구하는 터줏대감 노릇을 하고 있으므로, 언어 중에서도 말로 표현되는 부분, 즉 구술되고 구전되는 부분만 특화시켜 연구하지 않을까 짐작된다. 또는 언어사회학이 다루지 않는 말과 관련된 제반 사회 현상을 연구하는지도 모르겠다. 데이터의 정리와 분석, 연구 결과의 제출마저 구술을 고집하지 않을까 조금 걱정이 되기도 한다. 소설 「영국 남자의 문제」에 등장하는 사회학자의 기이한 복장과 구전사회학이라는 정체불명의 분야는 사회학이 그리 진지하지 않은 학문, 사소한 것에나 관심을 갖는 잡동사니 학문, 자기만족만을 추구하는 학문, 정체성이 불분명한 학문이라는 인상을 형성하는 데 일조한다.

위선적이고 부조리한 존재 – 〈사물의 비밀〉

레오니 립먼처럼 연구도 사생활도 관습에 얽매이지 않는 사회학자가 있는가 하면, 겉과 속이 다른 이중적인 모습을 보여 주는 사회학자도 있다. 영화 〈사물의 비밀〉의 주인공 이혜정은 사회학 교수다. 이 영화는 사회학자가 주인공으로 등장하는 드문 작품 중 하나다. 이혜정 교수의 학문적 관심 주제와 개인적 관심사는 모두 성(性)이다. 그녀는 현재 "혼외정사를 경험한 기혼여성의 성의식 변화"라는 주제로 논문을 작성하고 있다. 한편으로는 성을 주제로 하는 인터넷 토론방에서 닉네임 'free cunt' 로 활동을 한다. 그녀가 인터넷 게시판에 "양다리 걸치는 정도로 뭘 그렇게 고민하세요." 등의 댓글을 다는 장면이 영화 중에 얼핏 지나가기도 한다. 이런 정황으로 보면 이혜정 교수는 성을 있는 그대로 받아들이고, 성에 대해 적극적이며 무척 자유분방한 것처럼 보인다. 하지만 사실은 자신의 성적 관심이나 욕구는 철저히 숨기고, 성에 대한 담론은 학문적 영역에만 국한시킨다.

연구를 위해 혼외정사를 경험한 여성들을 면접할 때 이혜정 교수는 그들의 행위에 어떠한 가치 판단도 내리지 않고 연구 대상자들의 말을 경청하는 객관적 관찰자의 입장을 취한다. 훈련된 유능한 사회학자 모두가 그래야 하듯이 그녀 역시 면접 도중에 혼외정사를 비윤리적이라고 비난한다거나 반대로 면접 대상자들의 진술에 긍정하거나 맞장구치지 않는다. 하지만 내면적으로는 그들과 동일시하기도 하고 그들의 성적 모험에 강한 호기심을 갖고 부러워하기도 한다. 그런데 자신의 성과 부부관계는 사회가 바람직하게 여기는 방향으로 포장하고 숨긴다. 인터넷 활동은 비밀스럽게 하고, 이미 별거 중인 남편과의 관계도 아무 문제없는 모범적인 관계인 것처럼 연출한다.

그녀는 자신의 '모범적인 부부관계'를 바탕으로 『이혜정 교수의, 부부 사이 안녕하십니까』라는 책을 저술해서 "결혼을 앞둔 2~30대 여성들에게 폭발적인 인기"를 끈다. 이 책이 인기를 끌자 그녀는 언론매체와 인터뷰를 하게 되는데, 인터뷰 장소는 자신의 집이다. 그녀는 기자와 자신의 저서에 대해서 이야기를 하고 그녀의 옆에는 남편이 다정하게 앉아 인터뷰를 거든다. 부부의 뒤에는 애정을 상징하는 소품들이 아기자기하게 진열되어 있다. 소품들 사이에는 "사랑의 서약 충실히 지켜 행복한 나날 되게 하소서"라고 새겨진 목판도 보인다. 성공적인 부부관계의 비결을 알려 달라는 기자의 주문에 그녀는 "서로의 단점보다는 장점을 보려고 노력한다. 부부싸움을 해도 절대로 각방을 쓰지 않는다." 등의 모범답안을 열거한다. 그러나 인터뷰가 끝나자마자 남편을 쫓듯이 내보내고 다정한 부부관계로 위장하기 위해 늘어놓았던 진열대의 소품들, 욕실의 남편 흔적 등을 치운다. 불편하게 남편과의 애정을 위장하는 이유에 대해 그녀는 "내가 어떻게 여기까지 올라왔는데."라고 말한다.

사회가 터부시하는 성이라는 주제를 당당히 연구하는 과감하고 대담한 사회학자로서, 억눌린 성적 욕구의 발산을 추구하고 사회적 관습에 얽매이지 않는 진정한 사랑을 도모하는 개인으로서 이혜정 교수는 허위로 가득 찬 기존 질서에 도전하는 인물인 듯 보이지만, 사실은 모범적인 부부생활을 영위하는 것처럼 거짓으로 과시하고 젊은 부부들에게 부부 간 행복의 비결을 가르쳐 주는 멘토로 가장한, 한마디로 질서에 순응하는 존재로 묘사되고 있다. 사회의 관습과 시선으로부터 자유로운 사회학 교수로서의 이혜정은 위장일 뿐이고, 실제로는 그렇지 못한 이중 인격체인 것이다. 물론 영화가 그녀의 이런 이중성을 고정시키지는 않지만, 영화 속에서 대부분 이혜정은 이 이중성에 갇혀 있다. 이 영화가 흥행에 성공하지 못한 것은 사회학으로서는 다행스러운 일인지도 모른다.

〈사물의 비밀〉이 부각시킬 가능성이 있는 또 다른 사회학의 이미지는 '자극적인 주제를 다루는 학문'이다. 한국 사회가 아무리 개방적으로 변하고 성적으로도 과거에 비해 자유분방하게 되었더라도 "혼외정사를 경험한 기혼여성의 성의식 변화"는 여전히 일반 대중이 들으면 낯뜨거워할 주제다. 단지 무안함을 안겨 줄 뿐만 아니라 '비윤리적인 문제를 연구해서 혼외정사를 조장하려 하느냐'는 비난과 질책도 받을 것이고, 이는 연구자는 물론 사회학 전반에 대한 비판으로 이어질 가능성도 있다. 사회에서 발생하는 대부분의 현상은 사회학의 탐구 주제가 될 수 있으므로 대중이 껄끄러워하는 일, 외면하는 일, 묻어 두고 싶은 일 등도 연구 대상이 된다. 따라서 혼외정사 외에도 성매매, 포르노, 혼전 동거, 성희롱, 성폭력 등도 타당한 사회학적 연구의 주제들이다. 성과 관련된 이슈들은 사회학에 있어서 가장 중요하고 기본적인 주제에 속하는데,[8] 사회학이 당연히 다룰 주제라고 생각하는 사람들도 있겠지만, 어떤 사람들은 단지 흥밋거리로만 여겨서 학문의 주제로서는 진지하지 못하다고 판단하고, 또 다른 사람들은 자극적인 주제, 반사회적인 주제라고 느끼기도 한다.

성뿐만 아니라, 빈곤 문제, 불평등 문제, 착취 문제 등을 다루면 "왜 우리 사회의 어두운 면만 들추려 하느냐." 하고 비난하는 사람들이 있다. 한국 사회의 강한 민족주의와 쇼비니즘 문제를 다루면 비애국적인 학자나 학문이라는 비판에 직면할 여지도 있다. 자연과학의 연구 대상들과 달리, 특히 사회학은 우리의 일상생활에서 마주치는 일들이 탐구 대상이 되기 때문에 대중이 사회학자의 연구 주제에 감정이입을 하거나 가치판단을 하기가 상대적으로 쉽다. 물리학자가 전자와 원자핵 간의 관계에 대해서 연구하거나 생물학자가 포유류의 교미에 대해 연구한다고 해서 그를 의아한 눈초리로 보지 않겠지만, 혼외정사나 포르노, 동성연애 등을 연구하는 사회학자에 대해서는 색안경을 쓰고 바라보기 십상이다. 이 점이 사회학의 어려움 중 하나다.

---

8 성(性)이 중요한 사회학적 주제인 이유는, 성 또는 성에 대한 통제가 사회의 재생산, 질서, 구조 등에 직접적인 영향을 미치기 때문이다. 성을 통해 사회가 재생산되는데, 모든 사회는 성에 대해 복잡하고 고도로 정교하고 다양한 제도들을 가지고 있다. 이러한 성에 대한 금기와 통제, 제도들은 문화와 사회마다 다르면서, 각 사회에서는 가장 원초적이고 기초적인 사회구조를 형성하는 데 기여한다. 따라서 사회학이 성에 관하여 관심을 갖지 않을 수 없다.

〈사물의 비밀〉은 영화의 주제나 전반적인 내용보다 영화 중의 적나라한 정사 장면이 더 관심을 끈 작품이다. 이 장면은 이혜정 교수가 면접 과정에서 듣는 혼외정사 경험담을 영상으로 표현한 것이다. 이는 마치 사회학이 개인의 비밀스런 사생활을 엿보는 학문인 것 같은 인상을 준다. 게다가 사회학자 이혜정 교수의 이중적 면모라든지 그녀가 새파랗게 어린 남자 대학생을 사랑하는 모습은 사회학에 위선과 부조리의 학문이라는 이미지를 덧입힌다. 영화 속의 이런 이미지는 사회학의 긍정적인 이미지를 형성하는 데에 기여하지 않는다.

제2장

내가 사회학자를 존경할 줄이야

지금까지 소개한 소설들은 사회학, 사회학도, 사회학자에게 그리 호의적이지 않았으나, 모든 소설이 사회학의 부정적인 측면만 파헤친 것은 아니다. 사회학자가 멋진 인물, 위대한 영웅으로 묘사된 작품들도 없지는 않다.

「배트맨(Batman)」에서 배트맨의 모친이 사회학자였다는 사실을 아는가? 브루스 웨인이 배트맨이 되어 정의를 위해 싸우게 된 계기는 어렸을 때 양친이 강도에 의해 살해되는 것을 목격한 것이다. 어린 브루스는 이때 범죄에 대한 복수를 다짐하고 훗날 배트맨이 되어 고담(Gotham)시가 범죄에 장악되는 것을 막기 위해 싸우며 활약한다. 그런데 나중에 양친의 죽음이 단순한 사고가 아니었음을 알게 된다. 그의 충실한 집사 알프레드는 배트맨이 부모의 죽음에 대한 비밀을 알 때가 됐다고 판단하고 배트맨에게 사실을 알려 준다. 배트맨의 어머니 마사 웨인은 사회학자였다. 그녀는 아동 착취 문제에 관심을 가지고 있었는데, 아동들을 성적으로 착취하는 조직을 비밀리에 조사하다가 남편과 함께 암살되었다는 것이다. 이 사실을 알고 배트맨은 아동 학대, 아동 인신매매, 아동의 성적착취 등의 범죄를 소탕하는 데에도 헌신한다. 특히 어머니가 남긴 아동 성 착취 조사 파일을 토대로 하여, 아동 성매매 관광을 조장하는 동남아

시아의 한 국가에서 폭력적 조직을 몰아내기 위해 용맹스럽게 싸운다.

배트맨의 모친이 아동 착취 조직을 조사한 것이 사회학적 연구의 일환이었는지, 아니면 정의를 추구하는 시민으로서의 활동이었는데 우연히 직업이 사회학자인 것이었는지는 명확하지 않다. 어찌되었든 슈퍼히어로 배트맨이 아동 학대에 큰 관심을 갖고 싸우게 된 배경에 사회학자인 어머니가 있었다는 것은 고무적이다. 그런데 배트맨의 어머니가 사회학자였다는 설정은 공식적인 「배트맨」 시리즈의 입장에서는 정통적인 견해가 아니다. 일종의 번외편인 셈이다.

알다시피 배트맨은 만화 주인공이다. 1939년에 밥 케인(Bob Kane)이라는 만화가가 배트맨 캐릭터를 탄생시킨 이후 다수의 만화가들이 바통을 넘기고 이어받으며 「배트맨」 시리즈를 살려 왔다. 이 만화 시리즈에 기초해서 애니메이션 시리즈는 물론 텔레비전 시리즈로도 만들어졌고, 지금까지 영화도 여러 편 제작되었다. 1995년에는 「배트맨」이 소설로도 태어나는데, 소설 「배트맨: 최악의 악마(Batman: The Ultimate Evil)」의 작가인 앤드류 백스(Andrew Vachss)는 아동 학대와 관련된 소송들을 전문적으로 맡는 변호사이기도 했다. 작가의 개인적, 직업적 관심이 배트맨에 투사된 결과, 소설에는 만화 시리즈에 없는 새로운 내용이 추가된다. 배트맨의 어머니가 사회학자이고, 그동안 우연한 강도 사건으로만 알려져 있던 배트맨 부모의 죽음이 사실은 아동 착취와 관련된 조직적 음모의 계획된 결과였다는 내용이다.

소설 「배트맨」에서 배트맨의 어머니는 분명 용감한 사회학자이기는 하지만, 소설에서 차지하는 비중이 크지도 않거니와, 이 작품 자체가 「배트맨」 시리즈 전체에서 보자면 정통성을 띤 적자라고 보기도 힘들어서, 이 작품을 소설이 그린 사회학자의 긍정적인 면의 사례로 삼기에는 미흡한

감이 있다. 배트맨의 정통성은 여전히 만화 시리즈에 있기 때문이다. 그리고 영웅 배트맨이 사회학자였다면 몰라도, 영웅의 어머니가 사회학자였다는 사실을 어디선가 용케 찾아내서 '이런 영웅적인 사회학자도 있다'고 하는 것은 사회학을 위한 다소 궁색한 변호 같아서 씁쓸해진다.

영웅적인 사회학자 – 「스탠드」

진정으로 영웅이라 할 만한, 소설 속의 사회학자가 있기는 하다. 공교롭게도 이름이 '배트맨(Batman)'에 철자 하나만 더해진 인물로, 그의 이름은 베이트먼(Bateman)이다. 글렌 베이트먼(Glen Bateman)은 베스트셀러 작가 스티븐 킹(Stephen King)의 소설 「스탠드(The Stand)」에 등장한다. 이 소설은 종말론적 내용을 담고 있다. 소설은 치명적인 바이러스의 확산 과정을 묘사하

「스탠드」(황금가지, 2007)
제1권

며 시작한다. 미국 정부가 비밀리에 개발하던 슈퍼독감 바이러스가 누출되어 전 세계 인류의 대부분이 사망하고 인류는 멸종 위기에 직면한다. 살아남은 소수의 사람들은 두 부류로 나뉘어, 악(惡)을 추종하는 무리는 라스베이거스에 결집하고 선(善)의 무리는 콜로라도의 보울더에 모여 각각 재건을 도모하는 가운데, 두 세력이 서로 대결 상태에 들어간다. 보울더의 집단은 민주주의 사회를 복원하고자 노력하며 이 과정을 이끌어 갈 7명의 임시 시민대표를 선출한다. 글렌 베이트먼은 그중 한 명이다.

베이트먼은 슈퍼독감이 휩쓸고 지나가기 전에는 전문대학에서 20년

동안 사회학을 가르쳤다. 그가 주로 가르친 과목은 사회학 개론, 일탈사회학, 농촌사회학이었다. 사회 및 사회학에 대한 해박한 지식을 가진 그는 보울더의 "자유지역(Free Zone)"에서 사회 재건을 위한 이론적 기반을 제공하는 역할을 수행한다. 자유지역이 추구할, 생존자들의 신사회의 청사진은 사회학자인 베이트먼의 머리에서 나왔다고 해도 과언이 아니다. 그는 이론적으로뿐만 아니라 행동으로도 민주주의의 가치를 적극적으로 수호하기 위해 노력하다가 결국은 악의 화신인 플래그(Flagg) 앞에 무릎 꿇는 것을 거부하고 장렬하게 생을 마친다. 배트맨 같은 슈퍼히어로는 아니지만, 이 소설에서 큰 비중을 차지하는 영웅 중의 한 사람이다.

베이트먼은 인류의 99.4%가 사라지고 극소수만 생존한 상태에서, 그리고 극소수의 생존자들이 다른 생존자의 존재 여부조차 알 수 없을 만큼 지리적으로 각각 고립되어 있는 상태에서도 결국은 사회가 다시 형성될 것이라고 분석한다.

> "사회가 재출현(reappear)할 것이오. 내가 사회가 '재형성(reform)'될 것이란 말을 사용하지 않았다는 걸 명심해요. 그건 무시무시한 말장난이 될 수도 있으니. 우리 인류 안에는 개혁(reform)이 희귀할 정도로 적으니 말이오."[9]
>
> —『스탠드』제2권, p. 391

사회가 재출현하게 되는 이유는 "인간은 집단을 이루는 사회적 동물이고, 결국에 가선 다시 함께 모일 것"(『스탠드』제2권, p. 310)이기 때문이다.

9　원본의 의미를 정확히 전달하기 위해 몇몇 단어들을 원문으로부터 다시 번역함.

"사회학이 인류에 관해 무엇을 보여 주는지 말해 볼까요? 내 당신한 테 아주 간략하게 전해 드리리다. 내게 홀로 있는 남자 또는 여자를 보여 줘 보시오. 그러면 나는 당신한테 한 명의 성자를 보여 주겠소. 내게 두 사람을 줘 보시오. 그러면 그들은 서로 사랑에 빠질 거요. 내 게 세 사람을 줘 보시오. 그러면 그들은 우리가 '사회'라고 부르는 매 력적인 것을 발명해 낼 것이오. 내게 네 사람을 줘 보시오. 그러면 그 들은 피라미드형 계층 조직을 만들어 낼 것이오. 내게 다섯 사람을 줘 보시오. 그러면 그들은 한 명을 추방할 것이오. 내게 여섯 사람을 줘 보시오. 그러면 그들은 편견을 재발명해 낼 거요. 내게 일곱 사람 을 줘 보시오. 그러면 7년 후에 그들은 전쟁을 재발명해 낼 거라오. 인간이 하나님의 형상을 본떠 만들어졌을지는 몰라도, 인간 사회는 하나님과 반대되는 존재의 형상을 본떠 만들어졌으며, 그 사회는 항 상 고향으로 돌아가려고 기를 쓰는 법이라오."

- 『스탠드』 제2권, pp. 391~392

다소 비관적인 전망이다. 과잉 단순화의 위험을 무릅쓰고 이런 관점의 학자를 분류하자면, 그는 '갈등론자'라고 할 수 있다.

앞에서 살펴본 「라하트 하헤렙」에서는 존재하고 있는 사회의 역동적 관계를 보는 상반된 주장으로서 갈등론과 기능론을 이야기하고 있는 반 면, 스티븐 킹의 「스탠드」에서는 사회 형성을 설명하는 이론적 배경으로 갈등론을 제시하고 있다. 베이트먼과 그의 집단이 처한 상황을 고려하면 희망보다는 비관이 앞서리라는 것은 이해가 된다. 치명적인 바이러스로 사랑하는 사람들은 물론 사회와 문명 자체가 괴멸되었고, 로키 산맥 서 쪽 라스베이거스에서는 자신들보다 몇 배나 수가 많고 강한 악의 세력이 결집하여 공격 준비를 하고 있다는 것을 알고 있는 상황이라면, 긍정적이거나 낙관적인 시각을 유지하기 힘들 것이다.

베이트먼은 재출현할 사회가 백지 상태에서 생성되는 것이 아니라는 것을 명확히 인식하고 있으며, 사회의 재형성에 기술이 미칠 영향도 정확히 간파하고 있다.

> "슈퍼독감의 잿더미에서 일어선 인간이 코에 뼈다귀를 꽂은 얼굴로 여자 머리끄덩이를 잡아끌고 가는 나일 강 원시인처럼 될 거라고는 믿지 않아. 그것이 내 이론들 중 하나지. [……] 말하자면 과학기술 사회는 경기장에서 퇴장하고 말았지만, 농구공을 죄다 뒤에 남겨 놓았단 말이지. 경기를 기억하는 누군가가 찾아와 사람들한테 또다시 가르치겠지. 상당히 간단명료한 표현이구먼, 그렇지? 이건 나중에 기록해 두어야겠어."
>
> ─『스탠드』 제3권, pp. 270~271

이미 존재하고 있는 기술과 그 산물, 그리고 극소수이기는 하지만 생존해 있는 과학자와 기술자들이 새로 등장할 사회의 모습에 큰 영향을 미칠 것이라는 이야기다. 소설 속에서 바이러스로부터 일차적으로 살아남은 사람들이 목숨을 유지하며 보울더에 모이기까지의 과정도 기술의 도움이 없이는 불가능했다. 생존자들은 자동차나 오토바이, 자전거 등을 타고 보울더로 향했고, 텅 빈 마을과 도시의 슈퍼마켓과 약국에서 식량과 응급약품을 조달했으며, 무전기와 라디오로 자기와 같은 생존자들을 찾고 그들과 연락을 취하는가 하면, 총으로 적으로부터 자신을 지켰다. 보울더의 자유지역 자체가 현대 기술 없이는 형성될 수 없었던 것이다.

베이트먼은 사회학자답게 기술이 구성하게 될 미래사회의 물질적 환경에 주목하여 기술과 사회 형성 및 변화의 상호작용에 관심을 가졌다. 여기에서 머물지 않고 그는 더 적극적으로, 민주주의 사회의 재건에는 기술이 필수적인 전제조건임을 역설한다.

> "[새로 출현할] 사회들은 대개 우리가 아주 운이 좋지 않은 이상 고만 고만한 황제들이 지배하는 원시적 독재 사회의 형태를 띠기 쉽다오. 소수 사회는 문명화된, 민주적인 공동체를 이룰 수도 있는데, 1990년 대와 2000년대 초기에 그런 종류의 사회에 무엇이 필수 조건으로 필 요할 것인지 정확히 당신에게 알려 주겠소. 그런 공동체는 전기를 복 구하려면 충분한 수의 기술자를 두어야만 해요. 그것은 가능한 일이 오. 그것도 아주 쉽게. 지금 상황은 모든 것이 폐물로 변해 버린 핵전 쟁 직후의 시대가 아니니까."
>
> ─『스탠드』제2권, pp. 310~311

그는 민주적 공동체를 위해 필요한 조건의 분석에만 멈춘 것이 아니라, 민주적인 공동체가 이상적이라는 신념을 가지고 이 이상사회의 재건을 위해 그의 사회학적 지식을 동원하게 된다. 재앙 이전의 베이트먼은 사회를 연구하고 사회에 관한 전문 지식을 가졌던 학자였지만, 이제는 자신의 사회학적 지식을 활용해 민주주의 사회 재건에 힘을 보태려고 하는 일종의 사회공학자로 전환되었다고 볼 수 있다. 좀 더 구체적으로 보자면, 사회학자로서 베이트먼은 여러 가지 조건을 고려할 때 소규모의 독재사회들이 등장할 가능성이 크다고 분석하지만, 적어도 자유지역은 민주주의 사회를 지향해야 하며 이를 위해 기술을 적극적으로 되살리고 활용해야 한다고 주장한다. 재앙 이전 미국 사회에 대한 그의 사회학적 지식은 그 자체가 신사회에 적용할 사회공학적 기술이 되어 다른 과학적, 공학적 기술들과 함께 신사회 건설의 토대가 되는 것이다.

베이트먼은 자유지역 시민 대표들의 두뇌 역할을 담당하고, 재건 과정에서 주도적으로 활동한다. 이 과정에서 그는 신사회 재건을 여러 번 해보지 않았을까 하는 생각이 들게 할 정도로 거침없이 절차를 제시하고 자원을 동원하게 한다. 그의 이러한 능력은 물론 사회학 지식으로부터 나온 것으로 묘사된다. 일단 그가 그리는 신사회의 모델은 재앙 전 미국 사회이고, 그는 실제로 미국의 정통성을 이어 가는 사회를 만들고자 한다.

> "우선 미국을 재창조하기, 작은 미국으로, 수단과 방법을 가리지 말고. 조직과 정부가 시급해. 만약 지금 시작한다면, 우리가 원하는 유형의 정부를 구성할 수 있을 것 같네. 만약 인구가 세 배로 늘어날 때까지 기다린다면, 심각한 문제들이 생겨날 거야. [……] 회의가 열리기 전에 임시 조직위원회가 있어야만 해. [……] 첫째, 독립 선언문 낭독과 승인. 둘째, 헌법 낭독과 승인. 셋째, 권리 장전 낭독과 승인. 모든 승인은 구두 표결로 처리되게 할 것."
>
> —『스탠드』제4권, p. 149

그의 청사진을 실현하기 위해 그는 조직사회학, 정치사회학, 인구생태학, 사회심리학 등 사회학의 여러 하위분야를 망라하는 지식을 자유자재로 동원한다. 그리고 이런 지식은 그에게 권위를 부여한다.

그의 사회학자이자 사회 전문가로서의 권위는 그가 사법기관의 설치를 제안할 때 위력을 발휘한다.

"그러나 사법기관이 없는 법 집행은 정의가 아닙니다. 그것은 단지 자경주의, 철권통치일 뿐이죠. [······] 따라서 우리는 엄연히 위헌인데도 불구하고 그를 가둬 버릴 테죠. 왜냐하면 안전과 합헌성이 충돌할 때에는 안전이 우선시될 것이 분명하니까. 그러나 우리는 가능한 한 조속히 안전과 합헌성이 같은 개념이 되도록 해야 합니다. 그러므로 사법기관에 관해 생각해 볼 필요가 있습니다."

－『스탠드』제5권, pp. 88~89

그는 유능한 사회학자일 뿐만 아니라 분명히 유능한 사회자이기도 했다. 그것은 바로 그가 조직의 구조와 역동성에 대해 (역시) 사회학적 지식을 깊게 가지고 있었기 때문에 가능하다. 자유지역의 주민들이 모두 참여하는 전체 회의에서 논의가 지도부가 원하는 방향으로 흘러가도록 하기 위해 베이트먼은 모종의 장치를 한다.

"난 그 더러운 개자식을 붙잡고 싶어! 그놈한테 아주 지랄 같은 성병을 전염시킬 테야!" 리치 모펫이 날카로운 소리로 외쳤다.
긴장을 누그러뜨리는 폭소가 터졌고, 리치는 박수갈채를 받았다. 글렌이 편안하게 씩 웃었다. 글렌은 집회가 열리기 30분 전에 미리 임무와 대사를 리치한테 알려 주었고, 리치는 훌륭하게 실행에 옮겼다. [······] 사회학적 배경 지식이 대형 집회에서 종종 여러모로 편리하게 사용되었던 것이다.

－『스탠드』제5권, p. 327

군중집회에서의 역학에 대한 사회학적 지식이 있었기 때문에 가능한 일이었다.

또한 자신이 처한 암울한 상황에서 의미를 발견하기 위해서도 사회학적 지식을 펼쳐 보인다. 자유지역의 정신적 지주인 아비가일 할머니는 죽기 직전 유언으로 자유지역의 지도자 4명이 라스베이거스로 가서 적의 지도자인 랜덜 플래그와 직접 맞설 것을 지시한다. 그런데 보울더에서 라스베이거스에 이르는 험한 여정을 걸어서 가야만 한다고, 가는 방법까지 지정한다. 이 멀고 힘든 도보 여정에 숨어 있는 의미를 글렌 베이트먼은 사회학적으로 분석한다.

"우리가 하고 있는 일의 역사적 전례는 매우 많다네. 그리고 나는 이 걷기에 관해서라면 완벽하게 타당한 심리학 및 사회학적 이유를 어느 정도 인지하고 있지. [……] 성인식의 필수 요소로 '환상 체험'을 행하던 아메리카 인디언 부족들이 몇 있었지. 어른이 될 시기가 오면 당사자는 아무 무기도 없이 황야로 나가야만 했어. 그는 한 번의 사냥을 해야 했고 두 개의 노래를 만들어야 했는데, 하나는 위대한 정령에 대한 노래, 그리고 또 하나는 사냥꾼이자 말 타는 사람이자 전사이자 성교 가능자로서 자신의 용맹에 대한 노래였지. 거기다 환상까지 체험해야 했던 거야. 음식을 먹어선 안 돼. 육체적으로는 물론이고 정신적으로도 최상의 상태로 각성하여 그 환상이 찾아오길 기다려야 했다네. 그리고 결국에 가선, 당연히 환상이 찾아올 테지. 굶주림은 탁월한 환각제니까. [……] 어쩌면 심신을 정화하는 과정을 통해 힘과 신성함을 얻게 하려는 것일지도 몰라. 버리는 일은 그 자체로도 상징적이거든. 신비로운 마력이 있어. 자네가 여러 가지 것들을 버릴 땐, 그 여러 가지 것에 상징적으로 관련된 또 다른 요소들까

지도 버리는 거란 말일세. 자네들은 청소 절차를 시작한 거야. 뱃속
을 비우기 시작한 거란 말이지."

- 『스탠드』 제6권, pp. 236~237

그는 아메리카 인디언의 환상 체험 의식의 사회적 의미를 자신들의 도
보 고행에 적용해서 도보로 가야만 하는 의례적(儀禮的) 의미를 이해한
다. 도보 행군의 고난을 통해 심신을 비우고 정화된 마음으로 악에 대항
할 준비를 하라는 아비가일 할머니의 뜻을 깨달은 것이다.

글렌 베이트먼의 활약상을 보면 사회학이야말로 멋지고 유용한 학문
으로 여겨진다. 세상이 멸망하기 직전에 소수의 생존자 집단에 단 한 사
람의 학자만 포함시켜야 한다면 베이트먼 같은 사회학자가 선택되어야
할 것 같은 느낌을 받을 정도다. 사회학처럼 사회 전반에 대해, 사회의
구성과 작동 원리에 대해, 개인의 행동의 사회적 맥락을 이해하는 데에
폭넓은 지식을 갖게 해 주는 학문이 어디 있겠는가? 사회의 가장 거시적
인 레벨에서 가장 미시적인 측면에 이르기까지 사회와 관련된 모든 현상
을 구석구석 연구할 수 있다는 것은 사회학의 큰 자산이다. 그런데 과연
그럴까? 모든 것을 다룰 수 있는 학문이라는 인상은 아무것도 진지하게
다룰 수 없다는 인식으로 이어져 사회학의 이미지를 저하시키는 요인이
되고 학문의 정체성 위기도 야기한다고 앞부분에서 언급하지 않았는가?
장점이 언제든지 단점이 될 수도 있는 아슬아슬한 줄타기를 사회학은 하
고 있는 것일까?

사실 모든 것을 알고 있는 듯 보이는 베이트먼이라는 존재 자체도 다
른 사회학자들 입장에서는 부담스럽게 여겨질 수 있다. 한 사회가 탄생
하는 데 필요한 모든 지식을 가지고 있는 사회학자가 어디 있겠는가? 그

런데 베이트먼은 직면하는 거의 대부분의 사안에 대해 해답을 가지고 있고 거침없이 답을 제시한다. 글렌 베이트먼을 아는 학생들이 사회학자는 모두 그와 같으리라고 생각할까봐 두려워진다. 다행히 베이트먼은 사회학이 모든 것을 설명할 수는 없다는 점을 인정하는 겸손을 보여 주기는 한다.

> "사회집단이 형성될 걸세." 글렌이 천천히 말했다.
> "어떤 유형의 집단일까? 지금 당장은 말하기가 불가능하다네."
>
> - 『스탠드』 제4권, p. 142

> "나는 미래를 읽는 능력은 없어, 프랜."
>
> - 『스탠드』 제4권, p. 341

뿐만 아니라 사회학은 세상이 다 아는 쉬운 사실을 그럴듯한 학술 용어로 어렵게 표현하는 학문이라는 세간의 비판도 인식하고 있음을 보여 준다.

> "나는 내 논문 내용들이 얼마나 단순한 것인지를 감추기 위해 과장된
> 어려운 말로 쓰지."10

그런데 한 가지 의문이 생긴다. 세계적인 석학이자 명문대 교수도 아니고, '고작' 시골 전문대 교수였던 베이트먼이 어떻게 미래사회의 청사

---

10 번역본의 내용이 원문과 달라, 원문에서 직접 번역함(『The Stand』, p. 519).

소설에서 만난 사회학

진을 온전히 제시할 만큼 폭넓고 해박한 지식을 가지고 있을 수 있을까? 이 질문에는 그가 전문대(community college) 교수였기 때문에 가능했을 것이라는 역설적인 대답을 할 수 있다. 전문대 교수의 가장 중요한 책무는 대학생들을 대상으로 강의를 하는 것이다. 그것도 20년이나 학부 강의를 했으면, 그는 이미 사회학 전체에 대한, 또한 사회 전체에 대한 개관적인 지식에 통달한 경지에 이르렀을지 모른다.

베이트먼이 주로 강의한 과목들을 보더라도, 그는 신사회가 사회 재건을 위해 꼭 필요로 하는 사회학자였다. 그는 사회학 1, 사회학 2, 일탈사회학, 농촌사회학을 주로 강의했는데, 이 과목들은 자유지역의 생존과 재건을 위해 매우 적절한 과목들이다. 먼저, 사회학 1·2는 사회학 개론과 조금 더 심화된 사회학 개론이다. 이 강좌들은 사회학이 다루는 주요 토픽들과 각각의 주제에 대한 실제 사례들(아마 대부분은 미국 사회의 사례들)을 소개하는 과목이다. 베이트먼이 사회학 개론이 다루는 모든 주제들―가족을 비롯한 정치, 경제, 문화, 사회화, 계층, 사회변동, 종교, 교육, 기술, 노동, 젠더, 환경 등등―을 무려 20년 동안 반복해서 가르쳤다는 사실을 상기해 보라. 사회 전반의 모든 쟁점들이 망라되어 그의 머리 안에 사회학 개론서의 목차처럼 일목요연하게 정리되어 있지 않을까 생각된다. 보울더의 자유지역은 편협한 세부 전공보다 폭넓은 전반적인 사회학 지식이 더 필요했고, 전문대 교수 베이트먼이야말로 신사회의 기안자(mastermind)로서 적임자였다(고 추측해 볼 수 있다).

그의 또 다른 강의 과목들인 농촌사회학과 일탈사회학도 자유지역에 꼭 필요한 지식의 원천이다. 재앙 후 새로 출현할 사회는 대도시가 아닌 작은 공동체들일 텐데, 소규모 공동체를 연구하는 농촌사회학은 신사회가 현실적으로 부딪칠 다양한 문제들에 대해 조언을 줄 수 있는 분야다.

로키 산맥 너머 라스베이거스에 자유지역의 생존을 위협하는 일탈자들의 집단이 있다는 것을 생각하면 일탈사회학은 적의 특징을 분석함으로써 자유지역의 생존을 모색할 방법을 찾게 해 주는 적절한 분야라 하겠다.

연구 중심 대학 vs. 교육 중심 대학

미국의 이른바 명문대학의 대부분은 연구 중심 대학이다. 연구 중심 대학에서는 교수들이 자신들의 세부 전공분야의 연구에 집중하고, 강의 부담은 상대적으로 적은 편이다. 교수들의 연구에는 대학원생들의 도움이 필수적이므로 교수들의 연구와 대학원생들의 교육 및 훈련은 밀접한 관계를 갖는다. 따라서 연구 중심 대학은 학부 중심이라기보다 대학원 교육 중심의 교육기관이 된다. 대학원의 세미나 강좌들은 교수 자신이 현재 진행 중인 연구 주제로 강의하는 경우가 많아서, 구체적인 주제에 대해 깊이 있게 수업이 진행되는 경향이 있다. 그에 비해 학부 강좌들은 폭넓은 주제를 개관하여 강의하는 방식을 취한다. 물론 학부 교육을 소홀히 하는 것은 아니지만, 연구 중심 대학들은 각 학과의 교수진 규모가 크므로, 다수의 교수가 각각 학기당 한두 강좌만 맡아 학부 교육을 실시한다. 따라서 개별 교수가 사회학 또는 사회에 관한 주제를 폭넓게 강의할 기회는 많지 않다. 반면에 교수가 자신만의 매우 세부적인 분야에만 특화하여 전문가가 되기 쉬운 환경을 형성한다. 예를 들어, 가족사회학자라면 가족과 관련된 여러 주제들 중에서도 결혼지참금이라는 세부 주제에 대해서만 평생을 연구하는 학자가 있을 수 있다.

반면 전문대학은 순수한 교육 중심 대학이다. 교수들의 일차적인 책무가 연구보다는 강의라는 의미다. 전문대학에는 대학원이 없으므로 교수들은 매 학기 학부 학생들을 대상으로 해당 과목의 주제 전반에 관한 강좌들을 담당하게 된다. 베이트먼 역시 연구 중심 대학의 교수들에 비하면 학부 강의를 훨씬 많이 했을 것이다.

그런데 베이트먼은 '고작' 전문대 교수가 아니라 의외로 능력 있고 훌륭한 사회학자인지도 모른다. 이는 앞에서 던진 질문의 전후를 바꾼 의문, '그토록 통찰력 있고 풍부한 지식을 가진 학자가 왜 전문대에서 가르치고 있었을까?'에 대한 답을 제시할 수 있다. 베이트먼은 "나도 역시 이제껏 연구해 놓은 이론들을 적잖이 가지고" 있고(『스탠드』 제3권, p. 270) 논문도 많이 썼다고 스스로 밝히고 있다.[11] 그리고 자신의 이론들을 일방적으로 몰아붙이지 않고, "그것들이 입증될지 반박당할지 밝혀지기를 원하는", 적어도 열심히 연구하는 진지한 사회학자임에는 틀림없다.

여러 정황으로 볼 때 그는 연구 중심 대학에서 가르칠 자격이 충분히 있는 사람이다. 그런데 그는 조용한 곳에서 조용히 지내는 것을 선호하는 성격의 소유자인 것 같다.

사회 조직의 재출현 과정에 처음부터 참여하여 한몫 챙기길 원하지는 않았다. 그는 적어도 당분간은 코작[12]과 산책하기, 그림 그리기, 정원 주변을 어슬렁거리기, 그리고 거의 초토화된 인류의 사회학적인 세분화에 대하여 생각하는 일에 완벽하게 만족하는 듯싶었다.

－『스탠드』 제2권, p. 391

---

11 번역본에는 논문에 대한 언급이 나오지 않지만, 원본에는 "after all his articles", 즉 "그가 쓴 모든 논문들"이라는 표현이 나온다(『The Stand』, p. 519).

12 이 소설에서는 인류뿐 아니라 인간이 키운 대부분의 동물도 바이러스에 감염되어 멸종 위기에 직면한다. 코작은 재앙에서 살아남은 개의 이름이다.

그는 욕심 없이 느긋하고, 대재앙 뒤에도 사회학적 관심을 견실하게 유지하는 사회학을 사랑하는 사람이다. 영화 〈굿 윌 헌팅〉에는 로빈 윌리엄스가 연기하는 숀 맥과이어라는 인물이 등장한다. 그 역시 전문대학에서 강의를 하지만 매우 유능한 심리학자다. 뭔가 개인적인 사정이 있는 것 같지만 영화는 명확하게 밝혀 주지 않는다. 「스탠드」가 할리우드에서 영화로 제작된다면, 글렌 베이트먼은 뛰어난 사회학자이지만 명문대학 사회학과 내부의, 또는 학계 전반의 은밀한 권력관계에 염증을 느끼고 초야에 파묻혀 전문대학에서 학생들을 가르치며 자기가 하고 싶은 연구를 하는, 초연하면서도 의연한 사회학자로 설정될 법하다.

「스탠드」는 사회학과 사회학자가 매력적인 모습으로 묘사된 드문 소설인데, 아쉽게도 '옥에 티'가 있다. 사람들에게는 위험을 예지할 수 있는 초자연적인 능력이 있다는 것을 증명하는 연구에 대해 베이트먼이 언급하는 부분이다(『스탠드』 제3권, pp. 304~306). 그는 한 사회학 학술지에 발표된 제임스 스톤턴(James D. L. Staunton)의 1958년도 연구를 인용한다.[13] 그에 따르면, 스톤턴은 초자연적인 현상을 연구한 사회학자였다. 그는 1925년 이후의 30년간 비행기 추락 사고 50여 건과 1900년 이후의 기차 사고 200여 건의 정보를 수집해 분석을 했다. 그리고 같은 수의 사고를 당하지 않은 비행기편과 기차편을 표본으로 구성해서 비교 대상 집단으로 삼았다. 전형적인 실험집단과 통제집단 설계로, 자연과학은 물론 사회학을 비롯한 사회과학에서도 빈번하게 사용하는 관찰설계다. 스톤턴이 비교를 위해 두 집단을 설정한 것에 대해, 베이트먼의 말을 경청하고 있던 마크라는 인물은 "충분히 합리적인" 설계라고 동의한

---

13 실제 연구가 아니고 소설 일부분인 가공의 연구다.

다. 스톤턴이 분석한 변수들은 "사고를 당한 수송 수단의 승객, 그 사고의 사망자, 그리고 수송 수단의 최대 수용 인원"이었다. 분석 결과는 "수용 인원을 꽉 채운 비행기와 기차는 사고를 당하는 경우가 드물다"는 것이었다.

> "[……] 비행기와 기차 사고의 여러 사례에서 운송 수단의 탑승 인원을 보면 정원의 61퍼센트를 싣고 움직이고 있단 말이지. 사고가 나지 않은 여러 사례에선 정원의 76퍼센트를 싣고 움직이고 있었고. 수많은 컴퓨터 실험을 통해 15퍼센트의 차이가 도출된 것이고, 그 정도의 포괄적인 편차는 '의미심장'한 것이오, 여러분. 통계적으로 말해 3퍼센트 편차만 하더라도 진지하게 생각해 보아야 할 수준이라는 점을 생각하면 스톤턴의 말이 옳아요. [……] 사람들은 어떤 비행기와 기차가 사고를 낼 것인지 '안다'… 사람들은 무의식적으로 미래를 예측하고 있다, 이 말이지."
>
> ─『스탠드』제3권, pp. 305~306

베이트먼은 스톤턴의 추론에 동의하고 있다. 단순히 동의할 뿐만 아니라 자신의 경험을 근거로 스톤턴의 이론을 재확인하고 적극적으로 수용한다. 베이트먼에 따르면, 그가 스톤턴의 논문을 읽고 얼마 지나지 않아 실제로 보잉747기의 추락 사고가 났다. 그런데 그 비행기에 예약을 하고서도 타지 않은 사람이 16명이나 됐다는 것이다. 그가 알아본 바에 의하면, 보잉747기의 경우에 예약만 하고 나타나지 않는 사람은 편당 평균 3명이었다. 이것을 베이트먼은 사람들에게 위험을 예지하는 초자연적인 능력이 있다는 스톤턴의 이론을 확증하는 근거로 제시한다.

소설의 흐름에 맞게 작가가 만들어 낸 가공의 연구와 사례이기는 하지만(따라서 가공의 사례를 과학적 기준으로 판단하려는 것이 무의미한 일이기는 하지만), 사회학적 방법론 또는 통계학적 방법론에 대해 어느 정도 지식이 있는 사람들은 스톤턴의 연구에 중대한 오류가 있음을 쉽게 발견할 수 있고, 따라서 스톤턴을 인용하고 그의 이론을 받아들인 베이트먼 역시 사회학자로서 치명적인 실수를 범하고 있음을 알게 된다. 스톤턴의 통계적 오류에 대해서는 뒤에서 더 자세히 설명하도록 하겠다.

독자들은 우리가 사회학에 대한 이야기를 하다 장황하게 통계 이야기를 하려는 것에 의아해할지 모른다. 사회학은 개인에 대한 연구보다 집단에 대한 연구에 집중한다. 사회집단에 대한 지식을 얻는 데 통계는 유용한 도구다. 통계학의 도움 없이 우리가 알고 있는 오늘날의 사회학은 존재하지 않는다고 해도 지나친 말이 아니다. 대부분의 대학 사회학과에서 사회통계학을 필수과목으로 지정하는 것도 바로 이 이유 때문이다. 수학이 싫어 사회학을 택했다는 학생들도 꽤 있는데, 그 학생들에게는 미안할 따름이다. 하지만 통계학을 몰라도 공부할 수 있는 사회학의 세부 전공도 많으니 너무 낙담하지 않았으면 좋겠다.

베이트먼의 오류를 한 가지 더 지적하자면, 사회학은 초자연적 현상 자체에는 관심을 갖지 않는다. 베이트먼은 사고가 난 운송 수단이 탑승률이 낮은 이유가 위험에 대한 사람들의 예지능력이라는 스톤턴의 주장을 받아들이고 있다. 그런데 예지능력은 관찰할 수 있는 현상이 아니다. 과학적 방법론을 표방하는 사회학은 관찰 가능한 것들이 연구 대상이다. 만약 초자연적 현상에 사회학이 관심을 갖더라도 사회학의 관심은 현상 자체가 아니라, 그 현상에 관련된 사람들의 상호작용이다. 예를 들면, 기적이 일어난 원인은 사회학적 관심의 대상이 아니고, 기적이 일어났다고 믿는 사람들이 어떤 방식으로 자신들의 경험을 서로 나누고 조직을 만들어 가는가 하는 주제에는 사회학이 관심을 가지고 연구할 수 있다.

글렌 베이트먼은 사회학의 이미지를 긍정적으로 그리는 데 있어서 여러모로 소중한 소설 속 인물이다. 하지만 사회학자가 사회에 대해 다 잘 아는 것처럼 묘사되어 있어, 현실의 사회학자들에게는 부담스러운 존재이기도 하다. 그렇다고 영웅으로 과장되어 그려진 것에 불만이라는 것은 아니다. 스턴톤의 연구를 인용하는 오류만 범하지 않았다면 더할 나위 없이 좋았을 터이지만, 누구나 완벽할 수는 없는 법이다. 할리우드에서 「스탠드」를 영화로 제작하려는 움직임이 있다고 한다. 베이트먼 교수가 할리우드 영화에서는 어떻게 그려질지 궁금하다.

베이트먼도 틀린 통계 (1) – 표본의 문제

가장 근본적인 문제는 실험집단의 사례들과 통제집단의 사례들이 동질적인가 또는 비교 가능한 표본인가 하는 것이다. 실험집단이란 자극의 효과가 발생하는지를 보기 위해 관찰하는 집단, 또는 연구자가 관찰하고자 하는 현상이 존재하는 집단이다. 통제집단은 실험 자극이나 관심 현상이 존재하지 않는 집단으로서, 실험집단에서 유의미한 결과가 발생했는지를 판단하기 위해 비교하는 집단이다. 통제집단은 실험집단과 동일하거나 적어도 최대한으로 유사한 성격을 갖는 집단이어야 한다.

쉬운 예를 하나 들어 보자. 활발한 커뮤니케이션이 일의 생산성에 영향을 미치는지 알아보기 위해 실험집단과 통제집단을 각각 50명씩 구성해서 1년간 관찰한다고 가정하자. 실험집단은 일일 평균 전화 통화 횟수가 많은 50명, 통제집단은 전화 통화 횟수가 평균적인 사람들로 50명을 모집한다. 그런데 우연히도 전화 통화량이 많은 실험집단은 평균 연령이 60대이고, 통제집단은 평균 연령이 30대이다. 이 실험에서 전화 통화 횟수로 측정된 커뮤니케이션의 양이 생산성에 긍정적인 영향을 실제로는 미친다 하더라도, 실험집단의 연령 특성상 젊은 통제집단보다 전화 통화 횟수가 많음에도 불구하고 생산성이 낮은 것으로 관찰될 것이다. 자극의 효과, 즉 전화 통화 횟수가 생산성에 영향을 미치는지 과학적으로 관찰하기 위해서는 두 집단이 통화 횟수를 제외한 모든 점(연령, 성별, 학력, 직업, 소득, 인종 등)에서 동질적이어야 한다.

스톤턴의 연구가 설득력을 얻기 위해서는, 실험집단의 사고 비행기 50여 편은 통제집단의 무사고 비행기 50여 편과 비교했을 때, 추락 사고가 났다는 점과 탑승률이 낮다는 점만 제외하고 모든 조건이 동일하거나 적어도 유사해야 한다. 비교 가능한 두 집단을 구성하는 데 있어서 가장 좋은 방법은 1925년 이후 30년간 발생한 모든 비행기 추락 사고 중 50건을 무작위로 선택하고, 같은 기간 무사고 비행편 50건을 역시 무작위로 추출하여 비교하는 방법이다. 무작위 추출이란 모집단의 모든 개체가 표본으로 추출될 확률이 동일해야 된다는 의미다. 로또 추첨을 연상하면 된다. 투명한 통 속에서 돌고 있는 46개의 공은 각각이 동일한 추출 확률을 가지고 있어서 어떤 공이 다른 공보다 선택될 가능성이 더 높거나 낮지 않다. 다른 예를 들자면, 서울 시민 50명을 무작위 추출한다면 서울 시민 명부를 준비해서 그중 컴퓨터나 난수표를 이용해 50명을 뽑아야 한다. 시청 앞을 지나가는 사람을 '무작위'로 선택하는 것은 무작위 추출이 아니다. 시청 근처에 가지 않는 사람들은 추출될 가능성이 없고, 시청 부근에 직장이 있거나 그 지역을 자주 갈 일이 있는 사람들은 추출 확률이 높아지기 때문이다. 연구자가 관심을 갖는 집단 전체를 모집단이라 하는데, 모집단이 크면 전체를 조사하기 불가능하므로 소수의 표본을 뽑아, 대신 연구한다. 따라서 표본은 모집단의 특성을 잘 대변해야 한다. 예를 들어, 추락한 비행기 전체의 탑승 인원이 평균 100명이었다면 표본인 50편의 평균도 100명쯤 되어야 바람직하다. 비행기 사고 당시 이륙 공항에 눈보라가 쳤던 날이 10%였다면 표본에도 유사한 기상 상황이 반영되어야 한다. 이를 가장 잘 수행할 수 있는 표본 추출법이 무작위 추출법이다. 무작위 추출이 가능하려면 연구자가 관찰하고자 하는 집단의 범위가 명확해야 하고, 즉 모집단이 명확해야 하고, 모집단의 명부가 존재해야 한다. 명부나 리스트가 없이 행하는 추출은 엄밀한 의미에서 무작위 추출이 아니다.

스톤턴이 연구했다는 두 집단의 비행기 각각 50여 편도 모집단이 아니고 표본이다. 이 경우 각각의 표본을 추락 사고 사례 전체와 무사고 비행 사례들 전체에서 따로 추출했기 때문에 2개의 다른 모집단이 존재한다. 의미 있는 비교가 가능하기 위해서는 무작위 추출을 하는 것이 최선인데, 사고 사례들로부터 무작위 추출을 하는 것은 상대적으로 쉽다. 한 비행기 사고 통계에 따르면 스톤턴이 관심을 가졌던 해인 1925년 이후부터 논문 발표 직전인 1955년 사이에 전 세계적으로 매년 적게는 10여 건에서 많게는 70여 건의 추락 사고 또는 치명적 사고가 발생했다.[14]

이 정도 빈도의 사고면 30년 동안 발생한 추락 사고 전체를 추적하여 전수조사, 즉 모집단 전체를 조사할 수도 있고, 50건 크기의 표본을 추출한다 하더라도 바람직한 무작위 표집을 실행할 수 있다.

정작 어려운 문제는 통제집단인 무사고 비행기들의 표본 추출에 있다. 같은 기간 동안 사고가 나지 않은 비행기 편수는 셀 수 없을 정도로 많다.

14 〈Plane Crash Info.com〉, http://planecrashinfo.com/database.htm, 2013. 10. 5. 검색.

비행기 한 대가 일 년에 몇 번 운행을 할지 상상해 보라.[15]

연구 대상 기간인 30년 동안, 비록 오늘날처럼 항공여행이 보편화되기 전이기는 하지만, 엄청난 수의 비행기들이 추락하지 않고 운행했을 것이다. 이 경우 모든 운항 데이터를 확보하여 모집단을 특정하는 것이 어려우므로, 무작위 표본 추출 역시 어려워진다. 만약 무사고 비행 50편을 무작위 추출법 또는 통계학적 추출 논리에 기반을 둔 추출법이 아닌, 구하기 쉬운 데이터 위주로 해서 선택했다면, 이 통제집단은 실험집단의 비교 대상으로 적절하지 못하다. 따라서 이 연구가 과학적인 것인지를 검증하기 위해서는 표본 추출 방법을 살펴볼 필요가 있다.

베이트먼도 틀린 통계 (2) – 변수의 문제

표본 추출이 바람직하게 됐다면, 여기에서 분석하고자 하는 변수들이 적절한가 하는 두 번째 문제가 제기된다. 스톤턴은 탑승률이라는 변수 하나만 고려했다. 탑승률이 낮은 비행기가 사고를 당할 가능성이 높다는 것이고, 탑승률이 낮은 이유는 사람에게 위험을 감지하는 예지능력이 있기 때문이라는 것이다.

그런데 탑승률에 영향을 미치는 요인이 예지능력 하나밖에 없을까? 쉽게 머리에 떠오르는 변수로 사고 당일의 기상 상태를 들 수 있다. 짙은 안개가 낀 날, 눈보라가 치는 날, 폭풍이 치는 날에는 예약을 해 놓고서도 시

---

15 표본 추출 단위가 '비행기'가 아니라 '비행편'이라는 점에 주의해야 한다. 비행기 한 대가 운항할 때마다 각각이 분석 대상, 또는 표본 추출의 대상이 된다. 한 대가 하루 평균 2회 왕복하는 비행을 한다면 이 비행기는 하루에 4회 운항하고(즉, 사고 위험에 4회 노출되고) 1년에 1,400편 이상의 운항 편수를 만들어 낸다. 참고로 현재 미국의 관제탑들은 1년 평균 6,400만 대의 항공기를 이륙·착륙시킨다고 한다(〈Yahoo Answers〉, http://answers.yahoo.com/question/index ?qid=20061207081929AAgwh5P, 2013. 10. 5. 검색).

간에 맞춰 공항에 오지 못한 사람들이 평소보다 많을 가능성이 높다. 또한 이런 기상 조건에서는 탑승률과 무관하게 사고가 날 가능성도 높아질 것이다. 비행기의 기령(機齡)이나 운항편의 출발 시간 등도 탑승률과 사고율에 영향을 끼칠지도 모른다. 스톤턴의 연구가 설득력을 얻기 위해서는 사고 비행편 집단과 무사고 비행편 집단에서 생각해 볼 수 있는 모든 요인들, 가령 기상 상태, 기령, 이륙 시간대, 조종사의 경험, 노선 등을 변수에 포함시켜 분석하여야 한다.

한편, 스톤턴의 관찰 결과를 뒷받침하기 위해 베이트먼이 든 사례도 적절하지 않다. 스톤턴의 연구는 탑승률과 비행기 사고의 상관관계가 주제였다. 그런데 베이트먼이 보잉747기 추락 사고 후에 확인한 정보는 탑승률이 아닌 노쇼(no show)였다. 탑승률과 노쇼는 다른 개념이다. 예약을 하고 나타나지 않은 것을 노쇼라고 한다. 탑승률의 반대라고 할 수 있는 공석률은 판매되지 않은 좌석의 수와, 판매되었어도 해당 승객이 탑승을 하지 않은 노쇼를 포함한 수치이다. 베이트먼은 공석률과 노쇼 비율을 혼동하고 있다. 사회학자로서 해서는 안 될 실수다.

베이트먼도 틀린 통계 (3) – 오차의 문제

또 다른 문제는, "통계적으로 말해 3% 편차만 하더라도 진지하게 생각해 보아야 할 수준"이라고 베이트먼이 언급한 부분이다. 그가 인용한 스톤턴의 연구 결과는 무사고 사례의 탑승률은 76%이고, 사고 사례의 탑승률은 61%로, 15%p(퍼센트포인트)나 차이가 난다는 것이다. 15%p는 큰 격차다. 그러나 우리가 주의해야 할 점은 이 격차가 사고 사례의 전체 집단과 무사고 사례의 전체 집단, 즉 두 모집단의 평균 탑승률의 차이가 아니라 두 표본의 그것이라는 점이다.

우리는 각종 선거가 있을 때마다 출마자들의 지지율 여론조사 결과를 언론매체에서 셀 수 없이 접한다. 이때 특정 후보자의 지지율이, 예를 들어, 49%라는 결과와 함께 표본 크기 1,000명, 신뢰수준 95%에 오차 범위 ±3.1%라는 정보도 함께 전달된다. 이는 49%라는 지지율이 1,000명의 해당 표본을 대상으로 조사한 결과로서 직접 조사에 응한 1,000명의 수치일 뿐 실제 모집단의 지지율은 49±3.1인 45.9%에서 52.1% 사이 어딘가에 위치해 있을 가능성이 95%라는 이야기다. 이처럼 표본의 통계 값은 모집단의 실제 수치를 추정하기 위한 추정치로서의 의미만 갖는다. 아무리 정확히 무작위 추출을 하더라도 표본의 값은 모집단의 값과 일치할 수 없으므로 이처럼 통계적인 추정을 하는 것이다. 1,000명에게 물어 본 결과, A라는 후보자의 지지율이 49%이고 B라는 후보자의 지지율이 43%이면 A후보자가 비교적 여유 있게 B 후보자에 앞서 있는 것처럼 보이지만, 언론에서는 이를 '오차 범위 내에서의 접전'이라고 표현한다. 모집단에서 A 후보자의 진짜 지지율은 45.9%에서 52.1% 사이의 어느 지점일 확률이 95%이고, B 후보자의 진짜 지지율은 42.9%에서 46.1% 사이의 어느 지점일 확률이 95%이다. 이 표본이 추출된 모집단에서는 A 후보자를 지지하는 유권자가 45.9%이고 B 후보자를 지지하는 유권자가 46.1%여서, 실제로는 B 후보자가 우세한 결과가 나올 수 있다. 표본조사가 실제 결과를 전혀 예측하지 못한 것처럼 보이나, 이는 표본 추출에 오류가 있어서가 아니라, 표본조사의 내재적인 한계 때문이다.

그런데 오차 범위는 표본의 크기에 따라 달라진다. 표본 크기가 1,000일 때는 95% 신뢰수준에서 오차 범위가 ±3.1%, 250일 때는 ±6.2%, 100이면 ±9.8%, 50이면 ±13.9%다. 표본의 크기가 커질수록 오차 범위는 줄어든다. 3,000명 크기의 표본은 오차 범위가 ±1.8%, 240만 명 표본에서는 오차 범위가 ±0.06%다. 100명 크기 표본에서 지지율이 49%면, 실제 모집단에서의 지지율은 39.2%에서 58.8% 사이의 어느 지점일 가능성이 95%이다. 3,000명 크기 표본에서 지지율이 49%로 측정되었다면, 전체 유권자의 실제 지지율은 47.2%에서 50.8% 사이의 어느 지점일 가능성이 95%이다. 표본의 크기가 240만 명 정도 되면 모집단의 실제 수치를 거의 정확히 추정할 수 있게 된다. 표본의 크기가 커질수록 모집단의 모수를 정확히 추정할 수 있는 것이다. 단, 표본이 무작위 추출되어야 한다는 전제 조건을 충족시켜야 한다. 그렇다면, 표본 추출 방법에 문제가 없다는 전제 아래, 두 집단 간 편차 3%p가 '진지하게 생각할 만한 것인지' 아닌지는 표본의 크기에 따라 달라진다. 표본이 충분히 크면 3% 편차는 의미 있는 차이고, 표본이 250명 정도 크기면 3% 편차는, 베이트먼의 주장과는 달리, 통계학적으로 아무런 의미도 없는 차이다.

스톤턴의 연구에서는 표본의 크기가 두 집단 각각 250건 정도다. 사고 사례들의 평균 탑승률은 61%이니까, 이 표본으로는 전체 사고 사례들의 실제 평균 탑승률은 61±6.2인 54.8%에서 67.2% 사이의 어느 지점일 확률이 95%이다. 무사고 사례 표본의 평균 탑승률은 76%이므로, 모집단의 탑승률은 69.8%에서 82.2% 사이일 가능성이 95%이다. 이 경우 두 표본의 신뢰 한계 범위가 겹치지 않으므로 두 집단 간 탑승률의 차이는 유의미한 차이라고 말할 수 있다. 그러나 이 결론은 두 표본이 무작위 표집의 산물이라는 전제 아래서만 적용된다.

베이트먼도 틀린 통계 (4) – 다시 표본의 문제

스톤턴의 연구에서는 표본의 크기가 두 집단 각각 250건 정도다. 각 표본의 관찰 건수 250건은 비행기 50건과 기차 200건을 더한 사례 수이다.

비행기와 기차는 여러 면에서 다른 성질의 운송 수단이다. 주요 승객의 계층(20세기 전반의 통계라는 것을 상기하면 매우 중요한 요인이다), 사고 원인, 사고 시 사망률 등등에 있어서 서로 상이한 점이 많아, 비행기와 기차를 한 집단으로 묶기에 무리가 있다. 그럼에도 불구하고 스톤턴은 왜 이들을 한 집단으로 묶었을까?

비행기 하나만으로는 충분한 사례 수를 채우기 힘들어서일 것이다. 비행기 사고 50건만으로 표본을 구성하면 표집 오차가 ±13.9%나 되어서 통계적 오차가 개입할 여지가 너무 크다. 표본으로서의 가치가 급격히 낮아지는 것이다. 그런데도 비행기 사고만으로 적어도 250건을 표집하지 못하고 기차 사고 200건을 더할 수밖에 없는 이유는 전체 비행기 사고에 대한 데이터가 없기 때문이라고 볼 수 있다. 다시 표본의 문제로 돌아가는 셈이다. 결국 스톤턴은 통계적으로 분석할 수 없는 표본들을 가지고 통계를 이야기하는 오류를 범하고 있고, 베이트먼은 이를 비판 없이 수용하고 있는 것이다.

편견 없는, 사실의 전달자 – 〈디스트릭트 9〉

노출이 많아지면 숨어 있던 약점도 보이기 마련이다. 사회학자 베이트먼은 사회에 대한 해박한 지식과 정의로운 성격으로 자유지역의 미래를 위해 영웅적으로 봉사하지만, 소설에 너무 빈번하게 등장하다 보니 통계적 분석에 약점이 있다는 것을 보이고 말았다. 게다가 소설 「스탠드」는 사회학자의 역할을 실제보다 과장한 감도 있다. 적절하게 등장해 사회학자로서의 모습을 비교적 모범적으로 보인 캐릭터가 있다. 영화 〈디스트릭트 9(District 9)〉의 사회학자 사라 리빙스톤이다.

〈디스트릭트 9〉는 외계에서 지구에 온 생명체들이 등장하는 SF 액션 스릴러 영화다. 일반적으로 SF 영화에 등장하는 외계인들은 무자비한 침략자, 아니면 전쟁을 원하지 않는 평화주의자, 둘 중 하나의 모습으로 그려진다. 평화주의자나 지구인의 동맹자인 외계인들은 지구인과 크게 다르지 않은 외모를 가졌거나(〈아바타〉, 〈스타트랙〉), 다르더라도 귀엽다는 느낌을 주는 생명체다(〈E.T.〉). 〈맨인블랙〉 시리즈에 등장하는 말썽꾸러기 사고뭉치 외계인들은 지구인처럼 생기지도 않고 귀엽지 않은 존재들도 많지만, 적어도 혐오감을 주지는 않는다. 반면 난폭한 침공자들은 외양부터 역겨움을 느끼게 한다. 〈에일리언〉 시리즈, 〈인디펜던스데이〉, 〈우주전쟁〉 등의 외계인들이 이에 해당한다.

흉측한 몰골의 외계인 백만 명이 거대한 우주선을 타고 한꺼번에 몰려온다면 그들은 십중팔구 침공자들이다. 그런데 〈디스트릭트 9〉의 외계인들은 우리의 예상을 깨트린다. 그들은 침공군도, 평화와 협력을 추구하는 방문자들도 그 어느 쪽도 아니다. 목적 없이 방황하는 무기력한 존재들일 뿐이다. 남아프리카의 요하네스버그에 나타난 거대한 우주선은 몇 달 동안 지구인들과 접촉을 시도하지도 않고 도시의 상공에 떠 있었다. 기다리다 못해 지구인들이 우주선의 문을 뜯고 들어갔을 때 그들이 발견한 것은 형편없는 영양실조 상태의, 바퀴벌레를 닮은 외계인들이었다. 남아프리카 당국은 인도적 차원에서(하지만 사실은 국제적 압력 때문에) 외계인들을 '구조'하고 지상으로 옮겨 요하네스버그 인근의 임시 주거지역에 수용했다. 이 지역이 제9구역(District 9)이다. 외계인들의 우주선이나 무기를 보면 과학기술이 고도로 발달한 문명에서 온 존재임이 분명하다. 그런데 그들은 강력한 무기를 사용해 전쟁을 하거나 문제를 일으킬 의사는 전혀 없어 보였다. 그렇다고 적극적으로 지구와 관계 맺기를 시도하지도 않았다. 무엇보다도 특징적인 것은, 그들이 대규모로 우주여행을 했다는 사실 자체, 그들이 타고 온 상상을 초월하는 크기의 우주선, 강력한 첨단 무기 등의 증거는 외계인들이 과학기술이 고도로 발달된 문명에서 방문한 존재들임을 가리키는데, 그들의 행동에서는 문화의 흔적이 전혀 보이지 않는다는 점이다.

외계인들이 수용된 제9구역에는 도시 빈민가에서 발생할 만한 모든 문제가 일어난다. 외계인들은 사회를 전복시킬 만큼 조직된 폭력을 보여 주지는 않지만 차에 불을 지르고 기차를 탈선시키는 등 심각한 사회 문제를 야기한다. 이들에 대한 여론도 악화되어 정부는 이들을 도시에서 멀리 떨어진 곳으로 격리 수용하기로 하고 그 작업을 민간군사업체인 MNU에 위탁한다. MNU는 무기 개발 사업에도 관여하고 있는데, 특히 외계인들의 첨단 무기의 비밀을 풀어 상용화하는 데 큰 관심을 가지고 있다. 외계인들의 강력한 화기들은 자신들의 DNA에만 반응하므로 외계인이 아닌 지구인들은 사용할 수 없게 되어 있다. MNU는 이 무기들을 지구화하는 연구 과정에서 수많은 외계인들을 고문하고 잔인한 생체실험의 대상으로 삼는다.

외계인 이주 작업의 책임자는 비쿠스라는 인물이다. 그는 외계인들을 제9구역에서 몰아내기 위해 강제로 그들에게서 이주동의서를 받아 내고, 그 과정에서 서슴지 않고 무력을 사용한다. 그런데 외계인을 수색하다 어떤 액체에 감염되어 그 자신이 외계인으로 변해 간다. 오른쪽 팔부터 외계인화가 진행되어 나머지 신체 부분도 서서히 변해 간다. 아직 인간의 모습이 많이 남아 있는 상태지만, 변해 가는 그의 생체 조직에 외계인 무기가 반응을 하게 되어, 그는 외계인처럼 첨단 무기를 사용할 수 있게 된다. 외계인 무기를 사용하게 된 최초의 인간이 된 것이다.

이제 MNU는 그를 추적한다. 무기의 비밀을 푸는 데 인간과 외계인의 경계 상태에 있는 그가 최상의 실험 대상이기 때문이다. 완전히 외계인으로 변해 버리면 그의 연구 가치도 사라지므로 MNU는 늦기 전에 잡기 위해 그를 추적한다. 외계인들을 대상으로 MNU가 얼마나 잔혹한 고문과 실험을 했는지를 알고 있는 비쿠스는 필사적으로 추적을 피해 도망 다닌다. 폭력을 행사하던 입장에서 폭력과 추적을 당하는 대상으로 전락한 것이다.

이 영화는 외계인의 출현에서부터 비쿠스의 처참한 질곡에 이르기까지의 과정을 마치 다큐멘터리인 것처럼 보여 준다. 여느 다큐멘터리가 그렇듯이 영상 사이사이에 전문가, 시민, 관계자들의 코멘트가 삽입되어 있다. 이들 중 한 명이 사회학자인 사라 리빙스톤이다.

시민들은 인터뷰에서 외계인들에 대한 노골적인 적대감을 드러낸다. 외계인만 감염시키는 바이러스를 살포해서 그들을 절멸시켜야 한다는 과격한 주장도 등장한다. 반면 언론인인 그레이 브래드넘과 사회학자 사라 리빙스톤은 비교적 객관적인 시각을 유지한다. 그런데 이 두 사람 사이의 분석에도 차이가 보인다. UNKR[16]의 선임 기자인 브래드넘은 사건과 상황을 발생한 그대로 기술한다. 반면 리빙스톤은 외계인 문제의 사회적 맥락을 주로 분석한다.

브래드넘은 언론인으로서 객관적인 시각을 유지하려고 노력한다. MNU가 외계인 이주 사업을 맡은 것을 이야기할 때 "인도적 이유로 외계인들을 이주시키려 하는 것이지만 진짜 관심은 외계인들의 무기"에 있

---

16 언론사 이름. UKNR이 무슨 단어들의 약자인지는 영화에서 설명되지 않는다. 이 영화에 등장하는 대부분의 기관 이름들이 약자로 제시되고 원래 이름은 밝혀지지 않는다.

다고 분석하는 것이 한 사례다. 그 증거로 그는 MNU가 세계에서 두 번째로 큰 무기제조업체이기도 함을 상기시켜 준다. 그러나 기본적으로 브래드넘은 자신이 속한 집단인 지구인의 관점에서 현상을 관찰하고, 지구인의 이해가 침해되지 말아야 된다는 입장을 은연중에 보여 준다. 그는 거대 무기제조업체의 비윤리성을 드러내기를 주저하지 않으나, 외계인과 지구인들의 관계를 볼 때에 지구인은 '우리'이고 외계인들은 '그들'이다. 외계인들을 가리킬 때 그는 약간 경멸의 어감이 담긴 "생명체들(the creatures)"이라고 하기도 한다. 반면 지구인에 대해 말을 할 때는 항상 '우리(we)'라는 대명사를 쓴다. 그의 관점의 또 한 가지 특징은 관찰할 수 없고 증명할 수 없는 '추측'도 거리낌 없이 말한다는 점이다. 예를 들면, 사라진 비쿠스의 행방에 대해 브래드넘은 순수한 추측과 세간에 떠도는 음모론임을 전제하면서 "(비쿠스가) MNU나 정부에, 혹은 정부의 비밀스러운 기관에 붙들려서 이미 잡혀 있는 상태"일지도 모른다고 말한다.

　사라 리빙스톤은 브래드넘과는 다른 차원의 객관성, 즉 사회학적 관점이라고 부를 만한 객관성을 보여 준다. 리빙스톤은 외계인에 대한 부정적인 태도도 동정심도 보이지 않고, 지구인의 조치와 행동들에 대해서도 동의나 비판을 하지 않으면서 사태를 분석한다. 그녀의 분석에는 추측이 없고, 그녀는 발생한 사건과 관찰할 수 있는 행동들만 이야기한다. 그녀는 인터뷰에서 딱딱한 사회학 용어들을 동원하지는 않지만, 관찰자의 입장에서 주요 행위자들의 관계가 어떻게 형성되고 변화하는지를 담담하게 이야기해 준다.

　그녀의 이야기 속에 등장하는 행위자들은 세 집단이다. 첫 번째 집단은 지구인들, 구체적으로는 남아프리카인들이고, 두 번째 집단은 외계인들, 그리고 마지막으로 나이지리아 사람들이다. 브래드넘이 외계인과 지구인들이라는 '집단'이나 비쿠스라는 개인에 구애받지 않고 '사건' 위주로 이야기를 풀어 간다면, 리빙스톤은 집단들 간의 관계와 상호작용 위주로 이야기를 하고, 개인의 행동을 설명할 때도 그 배후에 있는 사회적, 문화적 요인들을 분석해 준다. 대체로 사회학은 개인보다 집단에, 사건 자체의 경과보다 사건의 사회적 배경에 더 큰 관심을 갖기 때문이다. 바로 이 점에서 사회학적 관점이 저널리즘의 그것과 다른 점이 드러난다.

언론인 브래드넘은 외계인들의 일탈적 행동들을 설명하면서 차에 불을 지르고 기차를 탈선시키는 등의 행위를 "외계인들에게는 레크리에이션 정도로 보일지 모르는 것들이 우리들에게는 몹시도 파괴적인 위협을 가하는 행동임에 분명하다."라고 설명하는데, 이는 사태의 원인을 폭력을 기분 전환 정도로 여기는 외계인들의 성격적 특성에서 찾고자 한 것이다. 반면, 사회학자인 리빙스톤은 100만 명에 달하는 외계인들의 규모와 이들을 대할 계획의 부재라는 구조적, 제도적 문제에 더 주목한다. 외계인에게만 문제의 원인이 있다기보다는 체계적으로 대처하지 못하고 상황에 따라 임기응변에만 급급한 지구인들, 또는 남아프리카 정부에도 책임이 있다는 것이다.

> "드디어 첫 접촉이 이루어질 순간이었습니다. 전 세계가 지켜보고 있었어요. 글쎄요, 천상의 음악과 밝고 환한 빛줄기라도 기대하고 있었던 걸까요? [……] 우리는 아무런 계획도 없었어요. 외계인들은 백만 명이나 있는데요. 그래서 임시 수용소였던 곳에는 담장이 쳐지게 됐고, 무장병력이 경비를 하게 됐죠. 우리가 알아채기도 전에 벌써 슬럼이 되어 버렸습니다."
>
> — 〈디스트릭트 9〉 대사 중에서

이후에 발생하는 외계인과 지구인 사이의 긴장과 폭력을 설명함에 있어서도 그녀는 근본적인 원인이 외계인들에 있다는 가설을 내세우기보다는, 첨예한 갈등관계에 놓인 두 집단 간의 경제적·물질적 환경에 더 주목한다. 외계인들이 본질적으로 폭력적이고 일탈적이라서 문제를 일으키고 지구인과 갈등하는 것이 아니라, 그들이 처한 '슬럼'화된 주거환경 및 열악한 경제적 조건이 일탈적 행동들을 조장한다는 입장이다. 즉, 외계인뿐만 아니라 지구인도 유사한 환경에 놓이게 될 때 발생하는 문제들이라는 것이다.

영화에서 드러내어 표현하지는 않지만, 외계인들에 대해 생경한 적대감을 표현하는 시민들의 외양은 그들 역시 슬럼에 살고 있는 사람들이라는 인상을 강하게 준다. 즉, 외계인과 일상적으로 부딪치고 갈등하는 지구인들, 그래서 외계인을 몰아내자고 소요를 일으키는 지구인들은 지구를 대표하는 '평균적인' 지구인들이 아니라 역시 빈민가에 사는 빈민들이다. 두 집단 간의 갈등은, 리빙스톤의 분석에 따르면, 외계인 대 지구인의 문제라기보다는 슬럼과 슬럼의 대립, 또는 슬럼 내부에서 발생하는 갈등이고, 이는 지구에서도 슬럼화된 환경이라면 나타나기 쉬운 보편적인 사회문제의 일부인 것이다. 따라서 그녀는 지구인의 사회를 설명하는 이론을, 역시 사회적 존재인 외계인들에게도 바로 적용한다.

"슬럼이 있는 곳에는 범죄가 있습니다. 디스트릭트 9도 예외가 아니었어요."

— 〈디스트릭트 9〉 대사 중에서

그런데 외계인들의 슬럼에 무기까지 있으니 갈등은 증폭될 수밖에 없다.

"무기가 있는 곳에는 범죄도 있기 마련이죠. 긴장이 점점 더 고조됐어요. 인간들은 참을 수 없을 지경에 이르렀고, 결국은 폭동이 시작됐습니다."

- 〈디스트릭트 9〉 대사 중에서

역시 중요한 원인은 '외계인'보다는 '무기'의 존재라는 분석이다.

여기에 또 하나의 사회(학)적 변수가 개입한다. 외계인에 대한 인간들의 차별이다. 지구인들은 외계인을 '새우(prawn)'라고 부른다. 외계인의 외양이 새우와 유사한 모습이기는 하지만, 리빙스톤의 분석에 의하면 그것은 '경멸적인 용어'로서, 새우가 대양(大洋)의 바닥에 살면서 위에서 떨어져 내려오는 찌꺼기를 먹듯이, "쓰레기나 뒤져서 연명하는 바닥의 존재"를 의미한다. 그녀는 외계인들을 새우라고 부르는 데 동참하지 않고, 그 용어가 경멸적인 의미로 사용되고 있다는 것과 그 용어가 발생하게 된 기원을 설명함으로써, 사회적 현상인 차별이 외계인에 대해 발생하고 있다는 점을 지적한다. 사회학자는 스스로가 차별이 발생하는 사회의 구성원으로 살더라도, 그 차별 현상으로부터 한걸음 물러서서 차별이 발생하는 사회적 조건과 차별의 다양한 발생 형태 및 차별이라는 사회적 현상을 둘러싼 사회적 세력들의 특성 및 관계를 분석하는 사람이다. 이런 의미에서 리빙스톤은 전형적인 사회학자의 모습을 보여 주고 있다.

대부분의 지구인들이 외계인 집단을 문제의 근원으로 보는 반면, 리빙스톤은 외계인들을 적극적으로 착취하는 지구인 집단도 분석한다. 바로 '나이지리아인'으로 통칭되는 집단이다. 이들은 외계인들의 슬럼을 사실상 지배하면서 외계인들에게 그들이 좋아하는 고양이 사료 통조림을 팔아 폭리를 취하는 등 슬럼에서 각종 이권을 장악하고 있는 갱 집단이다.

나이지리아인들은 외계인들의 신체 부위도 먹는데, 리빙스톤은 이 행위를 폭력적이고 야만적인 행동으로 결론짓기보다는 '무티(muti)'라고 불리는 아프리카의 전통적인 주술적 행위와 연결 지어 이해하고 설명한다. 무티란 주술 또는 마법을 의미하며, 나이지리아인 갱들은 자신들도 외계인들의 능력을 갖게 되어 외계인 무기를 사용할 수 있게 되리라는 믿음에서 외계인들의 신체를 먹는다는 것이다.

이처럼 리빙스톤은 이슈가 되는 문제를 다양한 이해관계를 가지고 있는 집단들 사이의 관계라는 맥락에서 설명을 하고, 문제의 근본적이고 구조적인 원인을 설명하기 위해 노력한다. 아마도 우리가 지금까지 접한 픽션 속의 사회학자들 중 실제 사회학자의 모습에 가장 가까운 캐릭터라고 할 수 있겠다.

인기 있는 사회학 교수 – 〈결혼하지 않는다〉

영화 〈디스트릭트 9〉에 등장하는 리빙스톤 교수가 사회학자로서의 태도를 충실하게 보여 주고 있으나, 그녀는 존재감이 큰 캐릭터는 아니다. 영화 속의 인터뷰에 등장하는 많은 인물 중의 한 사람일 뿐이고, 그녀가 등장하는 총 시간도 짧다. 그녀의 분석이 왜 사회학적인 내용인지도 이미 사회학을 알고 있는 사람이 신경을 써서 들어야 알아낼 수 있는 것이라서, 영화 〈디스트릭트 9〉는 사회학자의 모습을 비교적 객관적으로 그렸다는 점을 제외하고는 사회학의 이미지에 긍정적인 모습을 더했다고 하기는 어렵다.

일본의 TV 드라마 시리즈인 〈결혼하지 않는다(結婚しない)〉에 등장

하는 사회학 교수 타니가와 슈지는 사회학 홍보대사로 임명되어도 손색 없는 인물이다. 레오니 립먼이나 이혜정처럼 사회가 편견을 가지고 대할 인물이 아니고, 글렌 베이트먼처럼 영웅으로 과장되지도 않았으며, 리빙 스톤처럼 꼼꼼히 살펴보아야(또는 사회학자의 눈에만) 사회학자의 모습 이 비로소 보이는 그런 캐릭터가 아니다. 그는 영화나 드라마가 그려 내 는 '대학가 인기 교수'의 프로필에 부족함 없이 들어맞는 인물이다.

타니가와 교수가 가르치는 '현대 사회학'은 대형 강의실이 수강 학생 들로 가득 찰 정도로 인기 있는 강좌다. 1학년 과목인데도 대부분의 학생 이 집중해서 진지하게 듣는 것을 보면, 그는 학생들의 사랑과 존경을 받 는 듯하다(대학 신입생들로 가득 찬 100명 이상의 대형 강의를 맡아 본 교수라면 무슨 의미인지 이해할 수 있다). 수업은 항상 웃는 얼굴로 진행 하고 학생들의 웃음도 자주 이끌어 낸다. 학생들은 자유롭게 자기 의견 을 이야기하는데, 학생들이 가벼운 농담을 하더라도 그는 이를 재치 있 게 수업 주제와 다시 연관시켜서 수업이 길을 잃지 않게 하는 능력을 지 녔다.

타니가와 교수는 희끗희끗한 머리를 단정하면서도 유행에 맞게 잘 다 듬었고, 얼굴에 어울리는 그의 턱수염은 야성적인 이미지와 동시에 세련 미를 보여 준다. 그는 넥타이를 하지 않는 대신 재킷과 셔츠와 바지의 조 합으로 멋진 스타일을 늘 유지한다. 학생들의 이름을 기억하고 있다가 마주치면 이름을 부르며 인사하고, 학교 식당에서는 학생들의 테이블에 스스럼없이 자리를 같이하며 인생 이야기를 나누고 사회학 이야기를 들 려준다. 무엇보다도 학생들은 강의실 밖에서도 타니가와 교수의 사회학 강의 내용을 기억하고 이야기하며 자신들의 상황에 비추어 적용시켜 본 다. 타니가와 교수는 현대 사회학계의 위기 논란을 잠재울 수 있는 사회학 교수다. 2012년에 인기를 끌었던 한국 영화 〈건축학 개론〉에 영감을 받아 〈사회학 개론〉이라는 영화를 만든다면, 타니가와 교수 같은 캐릭터를 사회학 교수로 설정하고 그의 극중 비중을 조금 더 높이고 싶다는 생각을 들게 하는 그런 인물이다.

학교 밖에서도 타니가와 교수의 매력은 빛난다. 가든 디자이너이자 꽃집 점장이고 40대 독신 여성인 드라마 주인공 키리시마 하루코가 운영하는 꽃집에 그는 자주 들르게 된다. 첫 방문은 어머니께 드릴 꽃다발을 주문하기 위해서였다. 그 이후로 연구실에 둘 꽃을 사기 위해 종종 꽃집에 나타난다. 하루코가 연구실에는 꽃보다 화분을 둘 것을 조언하지만 그는 생화를 고집한다. 화분보다는 생화를 사야 꽃집에 자주 들를 수 있다는 그의 속내에서 시청자들은 하루코에 대한 타니가와 교수의 연모를 읽어낸다. 인기 있고 세련된 40대 중년 사회학 교수일 뿐만 아니라 그는 효심 깊은 아들, 수줍은 로맨티스트의 모습도 가지고 있다.

40대 중반인 타니가와 교수는 드라마 〈결혼하지 않는다〉의 주연도 아니고 얼굴을 드러내는 분량도 많지 않지만, 드라마 속에서 그의 비중과 존재감은 크다. 이 드라마는 30대와 40대 독신 여성 2명과 30대 독신 남성 1명이 주인공으로, 미혼과 만혼이 증가하는 현대 일본사회에서 이들이 겪는 독신생활과 결혼에 대한 압박, 결혼의 의미, 그리고 사랑을 그리고 있다. 이 드라마는 매회가 각각의 독립된 주제를 중심으로 구성된다. 각 회마다 타니가와 교수의 현대 사회학 수업 장면이 드라마의 초반에 짧게 등장하는데, 이 수업에서 그가 다루는 주제가 곧 해당 회의 주제다. 그는 가족사회학자이며 현재는 일본에서 소자화(少子化)라고 부르는 현상, 즉 저출산 현상에 관심을 가지고 연구하고 있다. 그가 맡고 있는 현대 사회학 강의의 큰 주제 역시 '결혼과 가족'이다. 그는 만혼 현상, 결혼 상대의 조건, 연애와 중매, 결혼의 이해 당사자들, 사랑과 실연, 저출산, 노후 등의 주제로 각 강의를 진행하고, 드라마의 각 회는 바로 각 강의의 주제를 축으로 하여 전개된다.

강의 주제들은 현대 가족사회학의 중요한 쟁점들이지만, 그의 수업은 이론적이거나 추상적이거나 공허한 것이 아니다. 수업을 듣고 있는 스무 살 학생들이 겪는 경험, 고민하는 내용들과 구체적으로 맞닿아 있다. 학생들은 사랑과 실연 같은, 자신들이 당면한 문제들과 취업과 결혼 등의 당면할 문제들이 어떤 사회적 기반에서 비롯되는지, 그리고 사회학적으로 어떻게 설명되는지 배운다. 타니가와 교수는 사석에서도 학생들의 실연 이야기, 장래에 관한 고민 이야기를 들어 주고 사회학적인 지식을 바탕으로 학생들에게 적절한 조언을 해 주기도 한다.

타니가와 교수의 '현대 사회학' 강의

타니가와 교수는 사회학 수업을 통해 학생들이 사회학적 지식과 통찰력을 자신들의 삶에 적용시킬 수 있도록 도와준다. 먼저 타니가와 교수는 학생들이 사회 현상을 정확하게 이해하도록 돕는다. 일반 시민들도 자신들의 사회를 이해하고 변화를 인지한다. 그러나 사회학적 통찰력은 막연하고 추상적으로 상황과 변화를 인지하는 데서 멈추지 않는다. 그는 한걸음 더 나아가 훨씬 더 구체적이고 정밀하게 현상을 분석한다. 타니가와 교수는 사회학 수업 시간에 칠판에 그래프를 그려 가며 일본의 미혼율은 증가 추세에 있으며 2012년 현재 남성의 20%가 50세가 될 때까지 결혼을 한 번도 안 한 상태라는 것을 설명한다. '미혼율이 증가하고 있다'는 직관적인 관찰과 비교해 보면 통계 값을 동반한 설명이 현상을 훨씬 쉽게 이해시켜 준다. 그는 또한 미혼자의 89.4%가 결혼을 희망하고 있다고 설명한다. 결혼을 거부하는 것이 아니라 결혼을 유보하고 있다는 것이다.

또 다른 강의에서 그는 일본 여성의 이상적인 결혼 상대에 대해 이야기한다. 거품경제 시대에는 남편감으로 '3고(三高)', 즉 고수입, 고학력, 고신장을 선호했는데, 경제가 침체기로 접어든 후로는 '3평(三平)', 즉 평균적인 연 수입, 평균적인 용모, 평온한 성격의 남성을 선호하게 됐다. 언론이나 사회비평가들이라면 3고에서 3평으로의 변화가 경제 침체에 따라 여성들도 배우자감의 기대치를 낮추게 된 결과라고 해석하겠지만, 사회학자는 '사실'에 더 가까이 접근하기 위해 노력한다. 타니가와 교수에 따르면, 일본의 미혼 여성들이 생각하는 "평균적인 연 수입"의 최저선은 구체적으로 400만 엔인데, 연 수입 400만 엔 이상의 소득을 올리는 독신 남성은 160만 명에 불과하고, 따라서 25세에서 34세 사이에 있는 결혼 적령기 여성 중 230만 명이 평균 이상의 수입을 올리는 남성과 결혼하지 못하게 된다고 한다. 결혼 유형의 변화에 대해서도 구체적인 수치와 함께 설명한다. 1935년에는 전체 결혼의 약 70%가 중매결혼이었던 반면, 현대 일본에서는 95%가 연애결혼이라는 것이다.

타니가와 교수는 일본 사회의 결혼에 관한 구체적인 사회학적 분석 위에 이러한 변화가 대학생들에게 갖는 함의도 설명해 준다. 미혼율이 증가하지만 독신자 대부분이 결혼을 희망한다는 사실과 현대의 결혼은 당사자의 의지에 의한 연애결혼이라는 점은 결혼을 대하는 개인의 태도에도 변화가 있어야 함을 의미한다. 과거에는 소위 결혼적령기가 되면 누군가의 도움으로 남녀가 연을 맺어 결혼을 하게 되었으므로 개인들이 특별히 노력하지 않아도 흐름에 올라타서 결혼을 할 수 있었다. 그러나 현대의 결혼은 기다리기만 해서는 안 되는 것이 되었다. 따라서 "인연을 자신의 힘으로 맺을 수 있는 감과 능력"을 갖추도록 노력할 필요가 있다고 타니가와 교수는 학생들에게 조언해 준다.

어린 학생들의 실연(失戀) 경험에 대해서도 타니가와 교수는 사회학적인 충고를 한다. 점심시간에 학생식당에서 제자들과 합석하게 되는데, 실연해서 괴로워하는 제자들에게 그는 이렇게 말한다. "지금은 괴롭겠지만 자네들 나이라면 괜찮아. 다음 만남이 또 있을 거니까." 누구라도 젊은이들에게 해 줄 수 있는 위로의 말이다. 그런데 그는 태블릿 컴퓨터로 기혼자가 현재의 배우자를 만난 시기의 통계를 보여 주며 설명을 계속한다. 미래의 배우자와 만나게 되는 시점은 여성은 22~23세, 남성은 28세가 가장 높은 빈도를 보여 준다는 것이다. "아직 자네들은 스무 살도 안 되었잖아. 다음 기회가 반드시 있어." 타니가와는 여기에 주의할 점도 덧붙인다. 여성의 경우, 30대 중반을 넘어가면 급격히 만남의 기회가 줄어든다는 점이다. "그래서 젊었을 때 실연을 포함해서 남녀의 관계에 대해 배워 두는 것이 좋지. 그러면 결혼적령기가 되었을 때 불륜이나 나쁜 남자에게 빠지는 것과 같은 실패를 하지 않고 결혼으로 이어지는 사랑을 할 수 있게 되는 거야." 막연하게 "젊으니까 괜찮아."라고 말하는 것보다는 뭔가 자신감을 주는 위로이자 자상한 조언이지 않은가? 사회학적 통찰력은 이처럼 개인이 고민하는 문제에 대해서도 구체적인 도움과 선택의 근거를 제공해 준다.

시청자들은 타니가와 교수가 통계를 자주, 그리고 적절히 인용하는 것을 쉽게 눈치챌 수 있다. 통계는 그 사회의 성격과 특징을 분석해서 제시해 주는 강력한 설명 도구다. 사회학과 통계가 깊은 관련이 있다는 점이 타니가와 교수의 강의에서도 잘 드러난다.

〈결혼하지 않는다〉는, 의도는 그렇지 않았겠지만, 사회학 홍보 드라마라고 해도 과언이 아니다. 우리가 지금까지 읽은 소설이나 본 영화, 드라마 중에서 사회학에 가장 호의적이면서도 사회학을 정확하게 표현하고 있다. 이 드라마에서는 등장인물들의 고뇌와 번민이 개인적인 문제일 뿐만 아니라 사회구조적인 문제이며, 사회가 변화해 가면서 새로이 등장한 문제이기도 하다는 것을 사회학이 전면에 직접 등장해 사회학의 이름으로 설명해 준다. 아울러 자신의 상황을 전체 사회의 맥락에서 되돌아보고 문제를 해결하거나 대처하는 데 있어서, 또는 자신의 상황을 이해하는 데 있어서 사회학적 지식이 얼마나 도움이 될 수 있는지도 보여 준다. 즉 사회학은 재미있고 중요하며 실용적인 측면이 많다는 것을 보여 준다.

주인공 역을 맡은 세 명의 배우들은 우리나라라면 '국민배우'라고 불릴 만한 사람들이다. 과연 적절한 비교가 될지 모르겠지만, 이 드라마가 김태희, 장근석, 이영애가 주연을 맡은 미니시리즈라고 하면 어느 정도 이해할 수 있지 않을까. 게다가 등장인물인 사회학 교수는 지적이고 세련되고 자상하고 낭만적이다. 이처럼 사회학이 전면에 나서서 드라마를 재미있게 이끌어 가는 것을 보면 사회학자로서 매우 유쾌하다.

제3장

사회학이 인생에 미치는 영향

지금까지 우리는 소설에서 그려진 사회학과 사회학자의 이미지를 살펴봤다. 하지만 사회학이 어떤 학문이고 무엇을 대상으로 탐구하는지는 간헐적으로만 언급하였을 뿐 본격적으로 이야기하지 않았다. 이제 사회학이란 어떤 학문인지 함께 생각해 보자. 그러나 사회학을 자세하게, 체계적으로 소개하려는 것이 이 책의 의도는 아니다. 소설 속에 등장하는 사회학, 소설이 던지는 사회학에 관한 질문, 소설 속에서 발견되는 사회학적 사례들을 중심으로 사회학 이야기를 해 보고자 한다. 그러기 위해서는 사회학에 대해 먼저 간단하게나마 소개하는 것이 순서일 것 같다.

그렇다면 사회학이란 도대체 무엇인가? 사회학은 개인, 집단, 조직, 문화, 사회, 그리고 이들 간의 관계를 탐구하는 학문이다. 사회학적 탐구가 취하는 관점들은 사람들의 행동의 근간을 이루게 되는 사회적 경험에 주목한다. 즉, 사람들이 속한 집단들과 그 집단 속에서 겪게 되는 경험에 초점을 맞추는 것이다. 개인의 행동들이 어떻게 사회구조를 형성하고, 사회구조 및 제도들이 개인의 행동에 어떤 방식으로 영향을 미치는지가 사회학적 탐구의 주요 관심사다.

사회학자 C. 라이트 밀즈가 '사회학적 상상력'이라고 부른 정신적 자질은 사회학적 탐구의 출발점이라 할 수 있다. 사회학적 상상력을 발휘하는 것은 익숙한 사회적 경험으로부터 한걸음 뒤로 물러나서 새로운 시각으로 바라보고 이해하려는 시도이다. 당연하게 생각되던 자신의 일상을 움직이는 보이지 않는 힘이 존재하는가? 자신뿐만 아니라 주위의 사람들이 어느 정도 예측 가능한 행동을 하도록 만드는 동인은 무엇인가? 대부분의 사람들이 자율적으로 결정하고 행동하는 것 같은데도 놀라울 정도의 규칙성이 발생하는 것은 무엇 때문인가? 이러한 질문들을 통해 사람들은 자신들의 밖에 존재하면서 자신들에게 영향을 미치며, 동시에 자신들의 선택과 행동에 영향을 받는, 익숙하면서도 동시에 낯선, 새로운 형태의 '사회'를 만나게 된다.

넓은 의미의 사회를 한마디로 정의하기란 어렵지만, 적어도 다음의 세 가지 조건을 충족시켜야 사회가 성립된다. 첫째, 복수의 사람들이 있어야 한다. 둘째, 사람들 사이에 상징을 사용하는 상호작용이 있어야 한다. 셋째, 상호작용의 과정이 역동적으로 변화해야 한다. 복수의 사람이 있더라도 서로 교류나 소통을 하지 않으면 사회는 성립하지 않는다. 그리고 사회 성원 사이의 상호작용의 형태와 구조가 끊임없이 변하지 않으면 인간 사회는 개미 집단이다 꿀벌 집단과 기본적으로 크게 다르지 않을 것이다. 천 년 전의 개미 집단의 구조는 오늘날의 개미 집단 구조와 거의 유사하지만, 인간 사회는 매 순간 역동적으로 구조가 변해 간다. 만약 인간들 사이의 상호작용이 DNA가 지시하는 수준에서만 이루어진다면 개미 집단처럼 사회의 변화란 일어나지 않을 것이다. 이처럼 상징을 사용하는 복수의 사람들이 끊임없이 대상과 빈도와 유형을 바꿔 가며 상호작용을 할 때, 인간만의 독특한 사회가 형성된다. 사회학은 이러한 사회에 사회학적 상상력을 적용하여 행동이나 현상의 사회적 맥락을 탐구하는 학문이다.

사회학은 의문을 품는 데서 - 『병신 같지만 멋지게』

소설은 아니지만 소설만큼 재미있는 『병신 같지만 멋지게』라는 책이 있다. 제목이 결코 점잖다고 할 수 없다. 원 제목은 이보다 더 점잖지 못하다. 『Sh*t My Dad Says』, 여기서 '*'는 오타가 아니다. 저자는 단어를 그대로 책 표지에 쓰기에는 민망했던지 'i'를 '*'로 대체했다. 심지어 이 책의 어떤 판본은 『$#*! My Dad Says』라는 제목으로 출판되었고, 이 책에 바탕을 두어 미국 CBS 방송국이 제작한 시트콤의 공식 제목도 〈$#*! My Dad Says〉다. '아버지가 말씀하신 똥 같은 말'이나 '아버지의 개똥어록' 정도가 원제에 가까운 번역이다. CBS 시트콤의 제목에 대해 미국의 학부모들이 어떻게 반응했을지 쉽게 상상할 수 있다.

이 책은 부모로부터 독립해서 살던 저자 저스틴 핼펀(Justin Halpern)이 28세에 다시 부모의 집으로 돌아와 함께 살면서, 이미 은퇴를 하고 집에 있는 시간이 많았던 아버지와의 사이에서 일어난 일들과 어렸을 때의 추억들을 엮어서 펴낸 것이다. 저자의 아버지는 몹시 퉁명스러운 사람인데 특히 말을 할 때마다 거친 표현이나 욕설이 빠지지 않는다. 그러나 저자는 많은 시간을 아버지와 지내면서 아버지의 저급해 보이는 표현에 지혜와 애정이 담겨 있다는 것을 알게 되고, 아버지의 말을 매일 한마디씩 자신의 트위터에 올리기 시작했다. 이것이 폭발적으로 인기를 끌게 되고, 저자는 자신이 트위터에 올렸던 아버지의 '어록'을 중심으로 아버지와의 일화를 보충해서 이 책으로 출판했다. 우리나라에서는 클래지콰이의 가수 호란이 이 책을 번역·출간해 화제가 되기도 하였다.

저자의 아버지는 어투만 보면 폭력단원처럼 보이지만, 직업이 의사였다. 아버지가 수백 명의 의사들 앞에서 강연했을 때의 에피소드가 실려 있는 것을 보면 임상의사였을 뿐만 아니라 존경받는 연구자이기도 했던 것 같다. 즉 과학자였던 것이다.

저자가 초등학교 6학년이었을 때 학교에서 과학 실험을 과제로 받았다. 그런데 이 과제에 저자 자신보다 아버지가 더 흥분한다. 자신이 하는 일의 일면을 아들에게 이해시켜 줄 수 있는 기회이기도 했고, 또 가장 자신 있는 일인 '실험'을 아들에게 가르쳐 주고 함께할 수 있다는 즐거운 기대 때문이었을 것이다. 아버지는 아들에게 이렇게 선언한다. "넌 그 학교 역사상 최고의 과학 실험을 하게 될 거야. 아니면 죽을 줄 알아라." 그리고 이런 대화가 이어진다. 욕설이 난무하지만(영어 원문에는 아버지의 대화에 F로 시작하는 욕설이 거의 빠지지 않는다), 사실은 이 대화에는 아들에 대한 아버지의 애정이 가득 담겨 있다.

"자, 실험은 의문을 품는 데서 시작하지. 뭘 알고 싶으냐?"
나는 몇 초간 생각해 보았다.
"개는 멋진 것 같아요."
다섯 살 난 초콜릿색의 래브라도 리트리버 잡종인 우리 브라우니를 가리키며 내가 말했다.
"뭐? 뭔 개소리야? 그건 의문점이 아니잖아."
"그럼, '사람은 개가 멋지다고 생각하는가?'라고 하면요?"
"아 씨발, 주여…, 좀 제대로 된 걸 생각해 봐. '무거운 물체는 가벼운 물체보다 빨리 낙하하는가?' 같은 거 있잖아?"
그가 관자놀이를 문질렀다.
"응. 그럼요, 개에 대해 궁금한 점도 괜찮아요?"
"아무거나 좋을 대로 해. 좋아, 보아하니 네 생각의 범위가 개새끼를 벗어나지 못하는 것 같은데 이건 어떠냐? '개는 도형을 식별할 수 있는가?' 어때, 괜찮아?"

-『병신 같지만 멋지게』, pp. 62~63

소설이 아닌 이 책에 대해 장황하게 설명한 이유는 인용 구절의 첫 문장 때문이다. "실험은 의문(question)을 품는 데서 시작하지." 달리 표현하면 실험은 질문으로부터 시작한다는 의미다. 아들이 평서문의 형태로 자신의 관심을 이야기하자, 아버지는 의문문으로 바꿔서 제시하도록 유도한다. 그래도 아들의 관심이 과학적 주제보다는 애완견과 무엇인가를 하고 싶어 하는 데에 있다는 것을 간파하고, 아버지는 강아지를 데리고 함께 할 수 있는 그럴듯한 과학 실험의 주제를 질문 형식으로 아들에게 가르쳐 준다.

아버지는 내친김에 실험 방법까지 고안해 준다. 원과 사각형과 삼각형이 그려진 종이를 각각 준비해서 원을 보여 줄 때는 먹이를 주고, 사각형을 보여 줄 때는 앉게 하고, 삼각형을 보여 줄 때는 아무 행동도 취하지 않는다. 이렇게 보름 동안 훈련시킨 후에 강아지가 도형의 모양만 보고 훈련된 행동을 취하는지 관찰한다. 질문을 던지고 질문에 답하기 위한 체계적인 노력을 기울인 뒤 답을 도출하는 것이다. 위의 대화에서 아버지는 아들에게 과학적 탐구의 가장 기초적이고 가장 중요한 진수를 전달해 주고 있다.

지식의 생산은 질문에서부터 시작한다고 해도 과언이 아니다. 질문을 던지고 그에 대한 답을 구하는 과정이 지식의 생산과 축적의 과정이다. 어린이들이 부모들에게 얼마나 많은 질문을 던지는지 관찰해 보라. 어린이들은 질문에 대한 답을 통해 주위 환경을 받아들이고 이해하게 된다.

사회학적 탐구도 마찬가지다. 사회 현상에 대해 의문을 품는 것, 그리고 구체적으로 질문을 구성하는 것이 사회학적 탐구의 첫걸음이다. 그런데 사회 현상은 우리가 일상적으로 경험하는 것이므로 우리에게 익숙하다. 별로 의문을 품지 않아도 불편함을 느끼지 않고 그 안에서 생활을 영위한다. 궁금한 것이 없는데 어떻게 의문을 품나? 바로 여기에 사회학의 묘미가 있다. 일상의 당연한 것에 의문을 품고 당연한 것의 당연하지 않은 측면을 밝혀내는 것, 이것이 사회학의 즐거움이다.

인간과 동물은 무엇이 다른가요?

여전히 사회학의 탐구 대상이 추상적이고 모호하다고 느껴진다면 우리의 행동과 일상과 환경으로부터 생물학적이고 물리적인 요인들을 제거해 보자. 그러면 우리의 결정과 행동에 영향을 미치는 사회적 힘, 실체, 질서 등이 느껴지거나 보일 것이다. 이를 위해서는 동물의 행동과 인간의 행동을 비교해 보는 것이 좋은 출발점이다.[17]

동물들, 특히 포유류 동물들의 행동을 관찰하여 그것과 인간의 행동을 비교해 보면, 인간의 행동은 동물들에게 작용하는 힘과는 다른 힘에 의해 구조화되어 있다는 것을 발견하게 된다. 종의 생존을 위해 하는 가장 기본적이고 본능적인 활동은 짝짓기다. 인간을 제외한 대부분의 포유류 동물들은 발정기가 되면, 그리고 대부분 발정기에만 짝짓기에 관심을 갖

---

17 인간을 비롯한 다른 동물들의 짝짓기 행동의 특징에 대해서 제레드 다이아몬드의 『섹스의 진화』(사이언스북스, 2005)는 쉽고 흥미로운 설명을 제공해 준다.

고 적극적으로 이성 개체를 찾아 구애를 한다. 이들의 구애활동과 짝짓기 활동은 본능에 의해 지배되며 매우 공개적이다. 집에서 키우는 애완견들의 행동에서도 이런 패턴이 관찰된다. 강아지들은 암컷이 생후 1년 이내에 첫 배란기를 맞이하면 수컷과 짝짓기를 하게 되고, 발정기가 아닐 때는 짝짓기 행동에 관심을 보이지 않는다. 이들은 짝짓기를 할 때 자신들의 부모에게 허락을 구하지 않는다. 자식들이 짝짓기를 했다고 해서 갑자기 이들의 생물학적 부모들인 성견들이 사이가 좋아져서 한 그릇의 사료를 사이좋게 나누어 먹는다든지 하는 일도 결코 일어나지 않는다. 짝짓기를 하기 전에 서로 예물을 교환해서 관계를 공식화한다든지 예식장에서 화려한 예식을 치르고 모두에게 축복받는 커플로서 첫걸음을 내딛는다든지 하지도 않는다. 짝짓기는 발정기에 다다른 암컷과 그에 반응하는 수컷의 본능적인 행동에 지나지 않는다. 게다가 이들은 아무도 보지 않는 둘만의 조용한 공간에서 조용한 시간에 은밀하게 짝짓기를 하는 것이 아니라, 본능이 발동하면 어느 시간 어느 장소에서든지 남의 시선을 의식하지 않고 당당히 교미를 한다.

반면, 인간은 자손의 재생산에 이르는 과정이 본능과 더불어 본능과는 다른 힘에 의해서도 크게 영향을 받는다. 인간의 성이 전적으로 본능에 의해 지배받는다고 한번 상상해 보자. 그러면 늦어도 10대 중반쯤이면 이미 성관계를 시작하고 그 결과 아이도 갖게 될 것이다. 게다가 인간은 대부분의 포유류와는 달리 발정기가 따로 없고 언제든지 섹스를 할 수 있는 생물학적 특징을 가지고 있으므로 자연 상태에서의 인간의 행동은 성과 관련된 욕구나 투쟁의 지배를 강하게 받을 것이다. 그리고 결혼이라는 제도로 인해 평생 동안 한 사람의 짝하고만 사는 경우도 거의 없을 것이다. 그러나 인간은 다른 동물과는 달리 생식이 가능한 연령에 도달했다고 해서 바로 짝을 찾아 성관계를 갖지 않는다. 대부분의 사회에서는 성인이 될 때까지 성관계를 통제당하고, 공식적으로 아이를 갖기 위해서는 복잡한 과정과 의식을 거쳐야 한다. 이러한 통제와 의식들은 생물학적 본능의 영향이 아니라 개개인의 밖에 존재하는 사회적 힘의 영향이다. 그리고 보이지 않는 이 사회적 힘은 젊은 커플이 서로 좋아하게 되어 교제를 하고, 결혼을 하고 아이를 낳게 되는 전 과정을 사회가 승인하는 방향으로, 사회가 바람직하게 생각하는 방법으로 진행하게 만든다. 비록 당사자들은 자신들의 자발적인 의지에 의해 결정했다고 생각하겠지만 말이다.

데이트에 대한 고정관념

젊은이들의 전형적인 첫 데이트 장면을 상상해 보자. 첫 데이트를 할 때 보통 어떤 복장을 하고 어디에서 만나서 무엇을 마시고 무엇을 먹을까? 편안한 운동복을 입고 길거리에 있는 노점에서 어묵 국물을 마시고 자장면으로 식사를 하는 것은 공식적인 첫 데이트라고 상상하기 힘든 상황이다. 깔끔하고 맵시 있는 옷을 입고 커피전문점에서 만나 커피를 마시고 파스타로 식사를 하는 것은 어떤가? 상상력이 부족하다는 소리를 들을지언정, 전자의 예에 비교하면 그리 나쁘지 않은 선택이다. 그런데 어묵 국물은 좋지 않고 커피는 좋다는 것을, 자장면은 좋지 않고 파스타는 좋다는 것을 누가 정했나? 운동복, 속칭 '추리닝'은 또 왜 안 되는가? 긴장해서 커피를 쏟아도, 파스타 소스가 튀어도 신경을 쓸 필요 없는 데다가 편하고 활동적이다. 옷에 신경 쓰지 않고 상대방에게 온전히 주의를 집중할 수 있으므로 데이트 복장으로서 최선이지 않은가? 그러나 대부분은 다소 불편하더라도 깔끔하고 스타일리시한 복장을 선호한다. 누군가의 강요가 아니라 자신의 자유의지로 그렇게 입는다. 데이트 패션뿐만 아니라, 만날 장소도 식사 메뉴도 당사자들이 스스로 결정한다. 하지만 그 결정은 자신이 속한 또래집단, 나아가 사회가 승인하는 방향으로 이루어진다. 사회적 힘이 작용하는 것이다. 그 결과 첫 데이트를 하는 젊은이들의 선택과 행동에는 높은 정도의 규칙성이 발견된다.

사람들은 왜 비싼 등산복을 입을까?

날씨 좋은 주말이나 휴일 아침에 산어귀에 가 보면 등산객들에게 작용하는 사회적 힘을 볼 수 있다. 이를 관찰하기에는 등산로 입구에 있는 지하철역이나 전철역이 최적의 장소. 사실 인구 1,000만 명이나 되는 현대적이고 국제적인 도시들 중 서울처럼 산이 많은 곳도 없다. 서울 시내나 근교 전철역 이름만 보더라도 아차산역, 수락산역, 정발산역, 도봉산역, 관악역, 청계산역, 까치산역, 봉화산역, 용마산역, 수리산역 등이 있어 도심에서 전철로 30분 안팎이면 갈 수 있는 산들이 많음을 알 수 있다. 인왕산과 북악산은 서울 한가운데에 있는 산들이고 북한산과 불암산도 많은 등산객들이 찾는 서울의 산이다. 이 산들의 이름을 딴 전철역은 없으나 모두 전철로 갈 수 있는 서울 시내에 있는 산들이다. 뉴욕이나 도쿄, 그리고 인구는 이 도시들보다 적지만 런던이나 파리 등에 가 보았다면, 산이야말로 서울의 정체성을 구성하는 중요한 요소 중 하나라는 것을 쉽게 알 수 있다(그런데 서울시가 시내의 산들을 도시 홍보에 더 적극적으로 이용하지 않는 점은 불가사의하다).

등산로 입구를 향해 나 있는 전철역 출구로부터 약 100미터 떨어진 곳에서 관찰해 보라. 전철이 한 대 도착할 때마다 수백 명의 등산객들을 토해 낸다. 이들은 무언가에 끌려 가듯 한 지점을 향해 나아간다. 장관이다. 그런데 누군가 등산로 입구에서 젊은 사람들을 추려 내서 등산을 막고 있는 것도 아니고, '40세 미만 등산 금지'라는 표지판이 있는 것도 아닌데, 서울의 산에서 만나는 사람들의 대부분은 중년 이상 성인들이다. 즉, 등산객들의 연령대에 있어서 강한 동질성이 존재한다. 산이 특정 연령대의 사람들을 끌어들인다든지, 사람이 특정한 연령대에 도달하면 산을 더 좋아하게 되는 호르몬이 분비된다든지 하는 것이 아닐 터인데 이상하게도 서울의 산은 나이든 사람들이 독차지하고 있다. 홍대 인근의 클럽들을 젊은이들이 독차지하고 있는 것에 대한 분풀이인가?

동질성이 보이는 것은 연령뿐만이 아니다. 등산객들의 복장은 집에서 나오기 전에 모두 연락을 받고 맞춰 입고 나온 듯이 동일하다. 등산객들은 신축성 있는 등산바지에, 땀을 잘 흡수하고 통풍이 잘 된다는 기능성 등산복 상의, 그리고 변덕스러운 산속의 날씨에 대비해 방한과 방수 기능이 뛰어난 값비싼 고어텍스 등산 재킷을 입고 있다. 그들의 신발 역시 발목을 보호하고 미끄러짐을 방지할 수 있는 양질의 등산화다. 등산용 스틱도 보통 2개씩 들고 있다. 모두가 커다란 배낭을 메고 있는 것은 물론이다. 배낭에는 취사를 대비한 듯 금속 컵이 매달려 있기도 하고, 길을 잊을 경우를 위해서인지 나침반도 달려 있다(복장으로만 판단한다면, 등산객들은 서울의 산에서 취사하는 것이 금지되어 있다는 사실을 모르는 것처럼 보이고, 산속에서 길을 잃어버린다 해도 무조건 아래로만 내려오면 마을버스나 시내버스, 심지어 지하철을 쉽게 탈 수 있으므로 나침반

따위는 필요 없다는 사실도 모르는 것 같다). 한마디로, 대부분 등산객의 복장은 마치 한 달간 히말라야 거친 산에 원정을 떠나는 전문 등반대의 그것 같다. 이런 차림으로 등산객들은 해발 500미터 전후의 아담한 산을 잘 닦인 등산로를 따라 올라갔다가 해가 지기 전에 모두 내려온다.

당연히 등산객들은 미리 연락을 받거나 약속을 해서 같은 복장으로 산행을 하는 것이 아니다. 그런데도 왜 이들의 차림새가 비슷할까? 등산할 때 등산복장을 갖추는 것은 당연한데 무엇이 이상하냐고? 서울의 산속에서 서양인 등산객들과 마주칠 때가 심심치 않게 있다(이들이야말로 서울을 즐기는 법을 잘 알고 있는 외국인들이라는 생각이 든다). 늦봄의 따뜻한 어느 날 서울의 아차산 정상으로 향하는 길목에서 몇 명의 백인 청년 남녀들과 마주친 적이 있는데, 겹겹이 중무장한 등산복 차림의 내국인들과 대비되게, 이들은 흰 티셔츠에 반바지를 입고, 심지어 신발도 간편한 샌들을 신고 있었다. 손에는 생수병 하나만 들고 있을 뿐, 무거운 배낭도 보이지 않았다. 그래도 충분히 즐거워 보인다. 그런 가벼운 차림으로도 즐길 수 있는 산이라는 이야기다.

물론 잘 갖춘 등산 복장은 산행을 더 안전하게 만들어 줄 것이다. 아닌 게 아니라, 등산을 즐기는 주위의 지인들에게 왜 가벼운 산행을 할 때도 등산 복장과 장비에 신경을 쓰냐고 물어 보면, 무릎 등의 부상 방지와 안전사고 예방을 위해서라는 대답이 한결같이 돌아온다. 그렇다면 우리나라 등산객의 완전한 등산복장은 산에서 발생할지도 모르는 안전사고에 대비하기 위한 최선의 복장이기 때문일까? 즉, 복장을 선택하는 데 있어서 최상의 고려 요인이 안전이라는, 합리적인 선택의 결과인 것인가? 우리나라 사람들에게 안전은 산행에 있어서 그렇게 중요한 요인인가?

오후에 하산하는 사람들의 흐름을 거슬러 올라가다 보면 끊임없이 마주치게 되는 불쾌한 얼굴들과 그들의 주위에 형성된 술기가 짙게 어린 공기는 그들의 복장이 말해 주는 것과는 달리 안전이 산행에 있어서 우선적인 요인이 아니라는 사실을 나타낸다. 음주등산은 산악사고의 제1원인으로서,[18] "산악사고의 대부분이 음주상태에서 산행을 하다 추락 또는 낙상으로 골절상을 입는 경우"라고 한다.[19] 돈 들이지 않고 안전사고를 크게 줄일 수 있는 방법이 있는데도 막대한 투자를 하며 완전한 등산복장을 갖추는 데는 안전 문제보다 더 큰 다른 이유가 있는 것이다.

서울의 산에서 만난 외국인 등산객들의 '불량한' 등산복장만을 보고 한국인과 외국인의 등산복장을 비교하기에는 무리가 있다. 비교를 위한 적절한 표본이 아니기 때문이다. 만약 이들이 서울을 관광하러 온 김에 산에도 들른 것이라면, 등산복을 미리 준비하지 못했을 수 있다. 자신들의 고향에서는 우리처럼 완벽하게 등산장비를 갖추고 산행을 즐길지 모른다. 그런데 예를 들어, 뉴욕시 인근에 있는 베어마운틴 주립공원에 가 보면 등산로에서 마주치는 사람들의 복장은 매우 다양하다. 일본의 도쿄 교외에 있는 타카오산에서 만나는 등산객들도 복장이 자유로운 편이다. 바지만 보더라도 청바지, 반바지, 치노 바지, 등산복 등을 다양하게 입고 있다. 신발과 윗옷들의 조합까지 고려하면 등산객 복장의 통일성은 크게 떨어진다. 이에 비하면 한국인들의 등산복장의 동질성은 압도적이다. 등산복과 장비를 마련하기 전에는 산에 갈 엄두가 나기 어려운 분위기다. 정상의 높이가 해발 300미터에도 미치지 않는 아차산처럼 낮은 산이라도 말이다.

18　유덕기, "위험천만한 '음주 등산'…산악사고 원인 1위", 〈SBS 뉴스〉, http://news.sbs.co.kr/section_news/news_read.jsp?news_id=N1001825317, 2013. 6. 10.
19　허남영, "봄 행락철 음주 산악이 사고 불러…'등산객 금주령'", 〈노컷뉴스〉, http://www.nocutnews.co.kr/show.asp?idx=1441094, 2000. 4. 8.

서울의 산에서 목격하는 등산객의 연령과 복장에 있어서의 강한 동질성은 산이나 사람의 내재적이고 본질적인 특성에서 비롯되는 것이 아니다. 사회적인 힘에 의해 비롯되는 것이다. 특정 연령층의 사람들이 특정활동을 더 선호하게 하고, 특정 활동을 할 때 특정 복장을 갖추도록 하는 것은 사회적으로 형성된 강한 합의의 결과다. 이런 합의는 개인들이 끊임없이 상호작용하는 과정에서 만들어지지만, 또 한편으로는 각 개인 밖에 존재하며 개개 행위자들의 행동에 영향을 미치는 '사회적 힘'으로 작용한다. 등산을 할 때 각각의 개인이 복장을 결정함에도 불구하고, 자신도 모르게 다른 사람들과 유사한 선택을 하게 되는 것은 등산이라는 활동에 미치는 사회적 힘의 영향을 받기 때문이다. 보이지 않는 힘이 개인에게, 등산을 할 때는 이런 복장을 하고 클럽에 갈 때는 저런 복장을 하라고 지시를 하는 것이다.

한국인과 미국인이나 일본인의 등산복장에서의 차이는 각 사회에서 작용하는 사회적 힘의 차이를 드러낸다. 사회에 따라 사회적 힘의 형태나 작용 과정이 상이하므로 동일한 상황에서도 사회마다 특징적인 행동이 나타난다. 우리나라 사람들이 아무리 낮은 산에 가더라도 등산복장과 장비를 제대로 갖추는 것은 등산 상황에서 개인의 복장 선택에 영향을 미치는 사회적 힘이 미국이나 일본과 다르다는 것을 보여 주는 것이다. 따라서 우리나라 사람들에게는 새로울 것이 없고 당연하게 받아들여지는 등산문화가 외국인의 눈에는 매우 특이한 현상으로 보이게 된다. 이처럼 한 사회를 구성하고 있는 사람들의 행동의 특징을 이해하기 위해서는 이러한 사회적 힘을 이해할 필요가 있다. 사회적 힘의 영향으로 사람들의 행동은 높은 정도의 규칙성을 갖는다. 그 결과 데이트할 때의 행동들, 등산 갈 때의 행동들, 학교에서의 행동들 등 각각의 상황의 행동은 어느 정도 예측 가능하게 구조화되었다. 이런 사회적 힘의 존재에 사회학은 큰 관심을 갖는다.

건물에만 벽이 있는 것은 아니다

사람들의 행동에 높은 정도의 규칙성을 가져오는 사회적 힘은 사회구조에서 비롯된다. 사회구조를 이야기하기 전에 물리적 구조를 먼저 생각해 보자.

지금 주위로 눈을 돌리면 구조를 가지고 있는 갖가지 사물이 보일 것이다. 당신이 앉아 있는 의자와 책상, 스마트폰, 볼펜, 건물 등은 모두 형태나 모양, 즉 물리적인 구조를 지니고 있다. 부품이나 부분들이 모여 튼튼한 틀을 형성하고 있다. 그리고 이런 구조물들은 사람들의 행동을 제약하기도 하고 지시하기도 한다. 지금 의자에 앉아 있다면, 아마 당신은 180도로 편안하게 눕기 힘들 것이다. 의자의 구조가 그렇게 하기 어렵게 만들기 때문이다. 반면 침대의 구조는 앉아 있는 자세보다는 누워 있는 자세를 유도한다.

대학의 강의실을 예로 들어 보자. 강의가 끝나고 학생들이 건물을 나가는 동선은 예측 가능하다. 앞문, 또는 뒷문을 이용해 강의실에서 나가서 복도를 통과해 건물의 출입문을 지나 밖으로 나갈 것이다. 아무리 급해도 벽을 뚫고 나갈 수는 없다. 구조가 사람들의 동선을 형성하고 움직임을 제약하는 것이다. 이처럼 물리적 구조는 사람들의 행동에 예측 가능성, 즉 규칙성을 제공해 준다. 그런데 행동을 규칙화 또는 구조화하는 것은 물리적 구조만이 아니다.

다시 강의실로 돌아와 보자. 지루한 수업이 드디어 끝나고 맛있는 점심을 먹기 위해 학생들이 강의실을 떠날 때, 이상한 현상이 관찰된다. 앞문은 사용하는 사람이 거의 없이 비어 있는데도 대다수의 학생들은 혼잡한 뒷문을 통해 나가려 한다. 단순한 물리적 구조만의 문제가 아니다. 학생들은 교실의 앞문을 사용하지 말라는 규칙이 있는 대학교는 없다. 그런데도 다수의 학생은, 특히 교수가 강의실에 있는 경우, 앞문을 사용해 들어오거나 나가는 것을 꺼린다. 물리적 구조와는 다른 모종의 힘이 물리적 구조와 결합하여 작용하고 있는 것이다. 아마 초·중·고등학교를 다니면서 앞문은 선생님이 사용하는 문이므로 학생들은 뒷문을 사용하는 행동에 익숙해진 결과일 것이고, 이는 선생님의 그림자도 밟지 않는다는 유교적 문화의 영향이 남아 있기 때문일 것이다. 여기에서 학생들을 앞문보다는 혼잡한 뒷문으로 이끄는 요인은 물리적인 구조가 아니라 사회적 힘이다. 물리적 구조에 사회적 힘, 또는 사회구조가 결합된 사례이다.

물리적 구조와 구조물들이, 사람들이 똑바로 가고 싶어도 돌아가게 하고, 오른쪽으로 꺾어서 가고 싶어도 일단 직진을 한 후에 길이 있는 곳이나 건물이 가로막고 있지 않는 곳에서 우회전을 하게 만들 듯이, 눈에 보이지 않는 '사회적 구조'도 사람들의 선택과 행동에 큰 방향을 제시하고 끊임없이 간섭한다. 사회구조는 물리적 구조와 다르지만 사람들의 행동에 영향을 미친다는 점에서는 그와 유사하다.

사람들의 자유의지의 결과라고 생각되는 행위들의 대다수도 사실은 사회구조가 이끄는 방식으로 일어난다는 점을 기억하자. 가장 본능적인 밥을 먹는 행위도, 주위에 아무도 없는 상황일지라도 대부분은 숟가락과 젓가락을 사용해서 정갈하게 식사를 한다. 그 사회가 바라는 방식으로 밥을 먹는 것이다. 어떤 행동을 할 때 사회구조는 끊임없이 사람들의 행동에 간섭해서 바람직한 행동과 바람직하지 않은 행동을 구분해 준다. 사람들은 백화점에서 갖고 싶은 물건을 발견했을 경우, 그 물건을 가방에 넣고 백화점을 나설 수도 있지만, 마치 앞을 가로막고 있는 물리적 구조물이 직진을 차단하듯이 뭔가 보이지 않는 벽이 그 행동을 차단한다. 계산대로 가져가서 돈을 지불하고 물건을 갖게 되는 행동은 어떤 힘도 가로막지 않는다(정확히는 그렇게 하도록 어떤 힘이 작용한다).

　사회구조를 구성하는 대표적인 요소들로는 제도, 집단, 계층, 지위와 역할, 문화 등을 들 수 있다. 이들 하나하나는 사람들의 행동과 선택에 깊은 영향을 미친다. 그리고 이 요소들이 서로 어울려 존재하는 방식은 각 사회마다 달라서 다양한 사회구조의 차이를 만들어 낸다. 그런데 사회구조는 개인들의 행동을 항상 전체 사회가 바람직하게 여기는 방향으로 이끌지만은 않는다. 어떤 집단이 다른 집단보다 범죄율이 월등히 높다면, 그 집단의 구성원들이 사회가 용인하는 방법으로 행동하는 것을 방해하는 사회적·경제적 요인들이 작용하고 있지는 않는지 살펴볼 필요가 있다. 행동에 있어서 개인의 동기도 중요하지만, 개인을 일탈적인 행동으로 유도해 가는 집단의 힘, 즉 사회구조적 요인 역시 중요한 것이다. 자살은 지극히 개인적 선택의 불행한 결과이지만, 특정 집단에서 자살률이 높다거나 특정 시점에 자살률이 급증한다면, 이는 개인의 동기만으로 설명하기에는 부족하다. 한국 사회에서 청소년 자살률이 급증하는 이유를 설명하기 위해 교육 시스템의 문제나 가족 구조의 변화와 같은 사회구조적 요인들에 관심을 갖는 것은 바로 이런 맥락에서이다.

제4장

사회학은 섹시하다
「아내가 결혼했다」

일부일처제에 대한 도발

　박현욱의 소설 「아내가 결혼했다」는 사람들이
당연하게 받아들이는 것에 의문을 품고 질문을
제기한다. 결혼이라는 제도, 특히 일부일처제라
는 제도에 대한 의문이다. 나(덕훈)의 아내(인아)
가 다른 남자(재경)와 결혼을 하겠단다. 나와 이
혼을 하고 결혼하겠다는 것이 아니라, 두 남자를
모두 사랑하므로 남편을 두 명 갖겠다는 것이다.

『아내가 결혼했다』(문학동네,
2013)

> "당신하고의 결혼 생활을 유지하고 싶어. 그리고 그 사람하고도 결혼
> 하고 싶어."
> "말도 안 돼!"
> 내 목소리는 비명에 가까웠다. 아내는 차분한 목소리로 되물었다.
> "그게 왜 말이 안 돼?"
>
> 　　　　　　　　　　　　　　　　　　　　　　　－『아내가 결혼했다』, p. 134

당사자인 덕훈에게는 충격적인 상황이고 당연히 말이 안 되는 소리다. 그런데 왜 이게 말이 안 되는 걸까?

이 소설은 축구와 결혼 이야기가 중심이다. 주인공들인 한 여자와 두 남자의 사랑과 남녀관계, 그리고 결혼이 이야기의 한 축이고, 주인공들이 겪는 에피소드와 똑같은 구조를 가진 축구 이야기가 또 다른 하나의 축이다. 작가는 남녀 관계의 에피소드와 축구 에피소드를 대응시켜 가며 경쾌하게 이야기를 풀어 간다. 이 소설에서 사회학을 직접 지칭하는 것은 "현대 사회학의 거장 앤서니 기든스"의 사랑에 관한 이론을 언급할 때 단 한 번밖에 없지만, 기본적으로 사회학적 관점이 소설 전체를 관통하고 있다. 작가가 대학에서 사회학을 전공했다는 사실이 소설의 사회학적 색채와 무관하지 않을 것이다. 빈번하게 던져지는 사랑과 결혼에 관한 질문들(질문은 주로 덕훈이 한다)과 이에 대한 답(답은 주로 인아가 한다)은 모두 사회학, 특히 가족사회학의 중요한 주제들이다. 소설이지만 가족사회학 강좌의 수업 자료로 써도 충분할 사회학적 저술이라고도 볼 수 있다. '재미있게' 사회학에 접근할 수 있는 책이다.

이 소설에서 보이는 가장 기본적인 사회학적 질문은 '제도(institution)'에 대한 것이다.

> "제도라는 거, 인간이 만드는 거잖습니까. 일부일처제가 인간 사회를 유지시켜 주는 제도일진 몰라도 인간의 본성에는 맞지 않습니다."
> "당신도 대학 나왔지? 그럼, 당신은 입시 제도가 맘에 들어서 대입 시험 본 거요? 선거 제도가 당신한테 적합하다고 생각해서 투표하는 거요?"
>
> - 『아내가 결혼했다』, pp. 157~158

제도는 사회적인 것이다. 본능이 행위를 지시하는 자연 상태에서는 제도가 만들어지지 않는다. 개들의 육아 제도, 사자들의 고용 제도, 코끼리들의 교육 제도 같은 것은 존재하지 않는다. 제도는 인간 사회에만 존재하는 독특한 사회적 구성물이다. 그리고 보통 사람들은 이런 제도들에 그다지 의문을 품지 않고 제도들의 혜택을 누리며 생활한다. 빈번하게 제도의 문제점들을 지적하고 비판하기는 하지만 제도 자체의 존재에 의문을 품는 경우는 많지 않다. 그런데 사회학적 관점은 제도의 존재 자체에 질문을 던진다. 왜 이런 제도가 존재하는가? 왜 이 제도여야만 하는가? 왜 사회마다 제도가 다른 형태로 존재하는가? 왜 현재의 제도는 과거의 제도와 다른가? 이 제도로부터 특별히 수혜를 받는 집단이 있는가? 제도가 사회의 유지와 변동에 어떤 영향을 미치는가? 이런 질문들이 사회학적 질문이다.

앞의 대화에서 덕훈의 아내 인아와 결혼하려는 재경이 덕훈에게 던지는 질문, 즉 일부일처제가 과연 당연한 제도인지 묻는 질문도 제도에 관한 사회학적 질문이다. 현대 한국 사회에서 결혼은 한 사람의 남성과 한 사람의 여성이 평생을 함께하겠다는 약속이다. 일부일처제는 우리나라 사람들에게 자연스럽고 당연한 제도다. 입시 제도나 선거 제도와 마찬가지로 일부일처제에도 다소 문제가 있더라도 제도의 큰 틀에는 당위성을 부여한다. 한 사람이 복수의 배우자를 동시에 두는 것은 불법일 뿐만 아니라 사회적 지탄을 받는 행위이다. 현실적으로 곤란한 문제들도 발생할 것이다. 복수의 배우자를 차지하는 사람들이 증가하면 평생 결혼을 하지 못하는 사람들도 증가할 것이다. 결혼 제도로부터 소외된 사람들이 많아질수록 사회 내에서 불만의 총량이 증가할 것이고, 이는 사회적 불안 요인으로 작용하여 사회 질서의 유지에도 위협이 될지도 모른다.

그러나 결국 제도는 인간이 만든 것이다. 왜 꼭 일부일처제여야 하는가? 결혼 제도가 일부일처제가 아닌 사회도 있지 않는가? 인아는 일부일처제가 당연한 제도가 아니라고 덕훈에게 대답한다.

"머독이라는 인류학자가 그랬어. 전 세계에 있는 각기 다른 인간 사회 238곳 가운데 일부일처제를 유일한 결혼 제도로 채택하고 강요하는 사회는 겨우 43곳뿐이라고."
"뭐라고?"
"포드라는 인류학자도 185곳의 인간 사회를 조사했는데 그중에서 겨우 29곳만이 공식적으로 일부일처제를 채택하고 있다고 밝혔어."
— 『아내가 결혼했다』, pp. 135~136

일부일처의 혼인 제도, 즉 단혼제(單婚制, monogamy)는 다양한 혼인 유형의 하나일 뿐이지 절대적인 유일무이의 결혼 제도가 아니다. 단혼제 외에 한 사람이 여러 명의 배우자와 결혼하는 복혼제(複婚制, polygamy)가 있고, 과거에는 한 무리의 남성 집단과 한 무리의 여성 집단이 동시에 혼인하는 집단혼 또는 군혼제(群婚制)도 존재했던 것으로 보인다. 그렇다면 일부일처의 단혼제는 당연히 받아들이는 제도가 아닌, 설명이 필요한 사회적 현상, 즉 사회학적 탐구의 대상이 된다.

인아는 일부일처제가 유일한 혼인 제도가 아니고 복혼제를 채택하는 사회들도 현대 문명사회에 존재한다고 주장하면서 이슬람 사회들과 미국의 몰몬교 근본주의자[20] 집단들을 예로 드는데, 문제는 이 사례들이 인

20 근본주의란 경전을 문자 그대로 이해하는 종교의 분파다.

아에게 별로 유리한 입장을 제공해 주지 않는다는 점이다. 대부분의 복혼제는 일부다처제(polygyny)다. 그리고 일부다처제는 남성의 강력한 가부장적 권한에 기반하고 있다. 인아가 꿈꾸는 사랑하는 두 남자와 결혼하는 그런 일처다부제는 사례가 없다. 일처다부제(polyandry)의 사회가 아예 없는 것은 아니나, 이런 사회에서는 일부다처제의 사회에서보다 여성이 더 억압받고 착취당한다. 인아도 이 점을 충분히 이해하고 있다.

> "[……] 남편을 여럿 거느린 여자가 세상에 어디 있어?"
> "폴리안드리로 살아가는 종족들이 아직 있어. 티베트에도 있고 인도에도 있고 아프리카에도 있어."
> "폴리안드리?"
> "폴리가미, 복혼 중에서도 일처다부제."
> "걔들은 왜 그렇게 사는데?"
> "주로 경제적인 이유 때문이지. 여자의 지위가 높아서 일처다부제인 게 아니라 여자의 지위가 낮아서 그런 거야. 티베트의 경우 형제들이 분산되면 재산도 분산되니까 아예 여러 형제가 공동으로 아내를 소유하는 거지. 가족의 재산을 유지하려는 게 목적이야. 그리고 인도의 토다족 같은 경우엔 식량이 부족해서 여아 살해가 많이 일어나는데 그만큼 성비가 안 맞아서 필연적으로 그렇게 된 거래."
> ─ 『아내가 결혼했다』, p. 139

자신에게 불리한 줄 알면서도 일부다처와 일처다부의 복혼제가 존재한다고 인아가 역설하는 이유는 일부일처가 "절대 유일의 법칙은 아니라는" 점을 강조하기 위해서다. 인아는 이렇게 말한다. "종교적이거나 경제적인 이유와 무관한 폴리기니가 가능하다면, 마찬가지로 그런 것들과 무관한 폴리안드리도 있을 수 있어."

여성이 중심이 된 일처다부의 혼인이 현대사회에서 가능할까? 기존의 일부다처제와 일처다부제를 가능하게 했던 사회적 조건들이 존재했다면, 사회적 조건의 변화가 새로운 일처다부의 혼인 관계를 가능하게 할 수 있다는 것, 그리고 현대사회에서는 이런 사회적 조건이 무르익어 가고 있다는 것이 인아와 재경의 주장이다.

일처다부제의 사회적 조건

우리 사회에서 일처다부의 관계가 거부감을 불러일으키는 요인 중 하나는 이 관계가 여성이 정조를 지킬 수 없는 구조라는 점이다. 공식적으로 일부일처제인 한국 사회에서도 비공식적으로는 일부다처의 관계들이 존재한다. 남성의 바람은 실수 정도로 넘기는 경향이 있지만 여성의 바람에는 엄격한 잣대를 들이댄다. 전통적으로 그래 왔고 현재도 그렇다. 그런데 인아는 이 '전통'과 '역사'에 의문을 품는다. 정말로 한국의 역사적 전통은 남성의 성에 관대하고 여성의 성에 대해서는 억압적이었는가? 인아는 김유신의 이야기와 「쌍화점」 이야기를 예로 들어 삼국시대와 고려시대에는 여성의 성이 상대적으로 자유로웠고, 상속 등에 있어서도 상대적으로 높은 권리를 누렸다는 설명을 한다(자세한 이야기는 소설에서 직접 읽어 보기 바란다. 흥미로운 내용이다). '상대적'이라는 것은 우리에게 익숙한 전통인 유교적 가부장제 가족제도에 비교해서 그렇다는 것이다. 그런데 유교적인 가족제도가 이 땅에 완전히 자리를 잡은 것은 조선 중기에 이르러서이므로 삼종지도(三從之道)나 칠거지악(七去之惡)으로 대변되는 전통적인 유교적 남녀관계는 사실 역사적으로 볼 때 매우 짧은 기간 동안만 작동해 온 것이다. 여기에서 인아의 대학시절 전공인 역사학이 빛을 발한다.

"그래도…… 삼종지도라는 것도 있고……."

"덕훈 씨가 생각하는 한국이란 게 고작 조선 시대 몇백 년이 다야? 우리 역사상 여자의 지위가 가장 낮았고 여자를 가장 혹독하게 억압했던 시기인데 왜 하필 그 시기의 모럴을 우리 민족의 대표적인 모럴로 생각해야 돼? 그리고 그런 억압적인 사회에서도 할 건 다 했어. 양반들이 간통을 하도 밥 먹듯이 해 대서 그걸 금하는 법까지 만들어야 했던 사회야. 그게 또 치사하게 여자들한테 훨씬 가혹한 처벌이 되었지만. 하여튼 위선적인 사회야. 공맹을 줄줄 외우는 양반들이 그러고 다녔으니 공맹에서 상대적으로 자유로운 평민들은 또 얼마나 많이들 그랬겠어. 알고 보면 우리나라는 프리섹스의 나라였다고. 우리 조상의 빛나는 얼이 억압 속에서도 이루어 낸 일이야. 오늘에 되살리는 건 당연한 거 아냐?"

말문이 막혔다.

"사학과에서는 그런 것만 가르쳐?"

"철학과에서는 그런 것도 안 가르쳐? 한다 하는 철학자들이 얼마나 프리하게 섹스 했는지."

말문이 또 막혔다.

– 『아내가 결혼했다』, p. 68

우리의 역사적 전통 속에 여성의 성이 자유로웠던 기간이 장기간 있었다면 일처다부를 거부하는 장애물이 하나 줄어들게 된다.

가부장적인 일부일처나 일부다처 제도를 가능하게 하는 또 하나의 조건은 남성의 생산성이 여성의 생산성보다 높다는 조건이다. 그러나 기술의 발전은 남성과 여성의 육체적인 힘의 차이를 무의미하게 만들었다. 중기계 면허만 있으면 여성도 건물을 철거하거나 깊은 구덩이를 파내는 일을 아무렇지도 않게 해낼 수 있다. 물리적 힘의 차이와 관계없이 여성이 남성보다 더 높은 경제적 소득을 올릴 수도 있다. 덕훈도 이 점을 잘 알고 있다.

> 생산력의 관점에서 보면 남자가 우월하다. 하지만 남자가 절대적으로 우월했던 것도 육체적 힘을 필요로 하던 먼 옛날 수렵 시대나 농경시대의 이야기일 뿐이다. 여자의 생산력은 점점 남자에 근접해 가고 있으며 육체적인 힘의 우위가 생산력의 우월성을 담보해 주지 못하는 세상이 되었다.
>
> - 『아내가 결혼했다』, p. 118

사실 컴퓨터 프로그래머인 인아는 덕훈보다 수입이 더 많다. 다른 남자와 또 결혼을 하겠다는 인아의 주장 앞에 덕훈이 결국 무릎을 꿇게 된 것은 인아 없이는 살 수 없을 정도로 사랑하고 있다는 사실과 함께, 덕훈 자신이 아니더라도 인아는 경제적으로 충분히 자립할 수 있다는 것을 알기 때문이다.

사랑과 결혼의 관계가 역사적으로 변화해 왔다는 점도 일처다부제가 성립할 수 있는 조건에 기여한다. '사랑하기 때문에 결혼한다'라는 낭만적 사랑의 개념이 사회 구석구석에 확산된 것은 오래된 일이 아니다. 불과 5~60년 전의 우리나라에서도 사랑은 결혼의 전제조건이 아니었다. 농경사회에서 혼전 남녀 간의 사랑은 불온한 것이었다. 그런데 산업화와 더불어 낭만적 사랑이 결혼이라는 제도 속으로 들어온다. 유럽에서는 이 과정이 조금 더 일찍 시작되었다.

> 18세기에 시작된 자본주의의 발전은 도시화, 산업화의 과정이다. 이 과정에서 일터와 가정이 분리되었고 개인주의가 확산되었다. 이 시기에 이르러서야 비로소 사랑은 결혼과 결합할 수 있게 되었다. 가족과 친족의 영향력에서 벗어나 개인이 스스로 배우자를 선택할 수 있게 된 것이다. 남자에게 이상적인 배우자란 일터와 분리된 가정을 잘 돌볼 수 있는 여자였다. 이전에 불륜으로 치부된 사랑은 낭만적 사랑이 부상하면서 결혼 제도 안으로 들어갔다. 이제 사랑은 결혼 생활을 유지하게 해 주는 가장 중요한 것이 되었다.
>
> – 『아내가 결혼했다』, p. 179

그런데 영원하리라고 생각했던 사랑은 결혼 생활이 지속되면서 식어 가는 경우가 발생한다. 사랑하는 사람과 일생을 함께하겠다는 약속이 도전을 받는다. 더 이상 사랑하지 않는다면 결혼을 지속할 이유도 없어진다. 사랑이 식어 이혼하는 사례들이 간헐적으로 보이기 시작한다. 주위에 이혼한 사람들이 많아지면 이혼을 미루고 있던 사람들도 이혼의 대열에 동참한다. 그리고 또 다른 사랑을 찾아 재혼을 한다. 사랑하는 대상이 중요한 것이 아니라 사랑이라는 감정과 관계, 또는 경험 자체가 더 소중하게 여겨지는 사랑의 형태가 새로이 등장한다. 이 소설에서도 언급하고 있는 사회학자 기든스는 이 새로운 형태의 사랑을 '합류적 사랑(confluent love)'이라고 부른다.

> 낭만적 사랑의 속성인 '영원'과 '유일'의 허구성은 합류적 사랑이라는 새로운 사랑의 형태를 만들었다. 낭만적 사랑에서는 바로 그 특별한 '사람'이 중요하지만 합류적 사랑에서는 그 사람과의 특별한 '관계'가 더 중요하다.
>
> 기든스는 이렇게 말한다.
>
> "낭만적 사랑과는 달리 합류적 사랑은 이성애여야 할 필요도 없고 **반드시 일부일처제여야 할 필요도 없다.**" [강조: 필자]
>
> - 『아내가 결혼했다』, p. 181

연속 결혼, 할부 단혼

2013년 현재 영국, 프랑스, 네덜란드, 스페인, 스웨덴 등 세계 14개국과 미국의 일부 주에서 동성결혼을 합법적으로 인정하고 있다. 많은 사람이 상상하지 못했던 일이다. 합류적 사랑의 개념이 확산되어 당연한 사랑의 형태가 된다면 인아가 바라는 일처다부의 결혼도 인정받게 될지 모른다. 동성결혼의 합법화는 먼 나라 이야기처럼 들릴지 모른다. 그런데 한국 사회가 서구 사회 못지않게 '이혼하는 사회'가 되리라고 누가 상상이나 했겠는가? 1955년에 전국에서 2,728건의 이혼이 발생했는데, 50년 뒤인 2005년에는 무려 128,468쌍이 이혼했다. 2012년에 114,316쌍으로 이혼 건수가 감소하기는 했으나, 몇십 년 전에 비해 이혼은 폭발적으로 증가했다. 2012년도 전국의 혼인 건수가 327,073건이었다는 것을 생각하면 이혼이 얼마나 흔해졌는지 알 수 있다.

한국의 혼인과 이혼 추이

연도	혼인 건수	이혼 건수	재혼 건수*	재혼/혼인×100건*
2012	327,073	114,316	56,488	17.3
2007	345,592	124,590	61,964	17.9
2005	316,375	128,468	66,666	21.1
2000	334,030	119,982	48,324	14.5
1995	398,484	68,279	39,843	10.0
1990	399,312	45,694	28,153	7.1
1985	371,892	36,676	21,308	5.7
1980	369,781	21,710	16,367	4.1

* 여성이 재혼인 경우의 통계임.
국가통계포털(http://www.kosis.kr)의 통계에서 재구성한 것임.

위의 표에서 보이는 또 하나의 주목할 만한 통계는 재혼 건수다. 사별에 의한 재혼도 포함되어 있으나 재혼 통계의 추이가 이혼 통계의 추이와 일치하는 것을 보면, 재혼의 증가는 이혼 후 재혼의 증가라고 보아도 무방하다. 주의해야 할 점은 위의 통계가 여성 재혼에 대한 통계라는 점이다(즉 남성 재혼-여성 초혼 커플들의 경우는 통계에서 제외되어 있다). 우리 사회에서 남성의 재혼은 여성의 재혼보다 자유로웠다. 그런데 이 통계는 여성의 재혼이 증가 추세에 있음을 보여 준다(2005년을 정점으로 감소하는 것으로 보이지만, 2005년 전후의 상황이 잠재되었던 이혼과 재혼 수요가 폭발했던 특이한 상황으로 볼 수 있기 때문에 전체적으로 이혼과 재혼이 증가하고 있다고 표현하겠다). 현재 전체 결혼의 20%

전후가 여성이 재혼하는 경우다. 1980년의 4%와 비교하면 한 세대 만에 여성 재혼 건수가 놀라운 속도로 증가했다. 이러한 현상을 덕훈은 다음과 같이 해석한다.

이혼의 범람은 결혼의 전통적인 개념을 바꾸어 놓았다. 연속 결혼, 할부 단혼으로 표현되는 시리얼 모노가미란 일부일처는 일부일처이되 평생 동안 여러 명의 배우자를 만나게 되는 일부일처제를 의미한다. 생활수준의 향상과 의학 기술의 발전으로 인간의 수명은 현저히 늘어났다. '평생'이라는 시간의 길이도 이전과는 비교할 수 없을 정도로 계속 늘어날 것이다. 그리고 '평생 동안' 한 사람의 배우자와 함께 사는 이들은 점점 줄어들 것이다. 이미 서구에서는 시리얼 모노가미의 형태가 순수한 모노가미를 압도했다고 한다. 이혼율이 급증하는 우리나라도 머지않아 그렇게 될 것이다.

한 번에 한 사람씩 여러 명의 배우자와 결혼하는 것이 지배적인 결혼 양태라면, 한꺼번에 여럿과 평생의 일부를, 혹은 일생을 함께하는 것도 언젠가는 이상한 일이 아닐지도 모른다.

- 『아내가 결혼했다』, p. 239

이혼과 재혼의 증가는 한 사람이 평생 동안 겪는 '사실상의 복혼' 경험의 증가를 뜻한다는 해석이다. 이 논리를 따른다면, 인아는 여성의 재혼이 증가하고 있다는 사실을 일처다부제가 받아들여질 사회적 조건이 형성되고 있는 것이라고 해석할 것이다.

인아의 혼동 – 모계제와 모권제

지금까지 일처다부제의 가능성에 대해 역사적 사례, 남녀 간 생산성 차이의 무력화, 사랑 개념의 변화, 이혼 및 재혼 추이의 변화 등을 중심으로 소설 「아내가 결혼했다」에서 언급하는 바를 살펴보았다. 그런데 인아의 설명이 모두 정확하다고는 말하기 어렵다. 역사적 사례들에 있어서는 과학적 설명보다는 문학적 해석의 측면이 강하다. 특히 삼국시대나 고려의 성(性)과 관련된 관습과 문화를 설명해 줄 문헌이 제한적이라는 점은 역사적 설명의 즉각적인 수용을 보류하게 만든다. 그리고 무엇보다도 두드러진 문제는 인아가 모계제와 모권제를 혼동하고 있다는 사실이다.

> 그러나 모권이 우세한 모계 사회에서는 사정이 전혀 다르다. 가령 모수족의 언어에는 '아버지'라는 단어가 아예 없다고 한다. 자녀 양육에 관한 모든 권한은 어머니에게 있으며 생물학적으로 아버지인 남자는 아이의 어머니와 연인 관계가 유지되는 한에서 아이를 보러 오거나 부양할 수 있다. 모수족의 아이들은 자신의 아버지가 누구인지도 모르는 경우가 종종 있으며 굳이 알려고 하지도 않는다고 한다.
> 그러지 않아도 모수족 좋아하는 아내가 모수족의 여인들처럼 아버지라는 단어를 사전에서 지워 버리면 어떻게 하나.
>
> – 『아내가 결혼했다』, p. 259

모계제 사회와 모권제 사회는 동의어가 아니다. 어머니의 계통을 따라 혈통과 재산이 상속되는 체계가 모계제이고, 어머니가 가정에서 권력을 갖는 체계가 모권제다. 아버지를 몰라도 되는 사회, 또는 아버지를 모를 수

밖에 없는 사회에서 가족은 어머니를 중심으로 형성된다. 남성은 집단에서 태어난 아이가 자신의 자녀라고 100% 확신할 수 없지만, 직접 출산하는 여성은 자신의 아이가 자기가 낳은 아이인지 알 수 있기 때문이다. 한 여성이 출산한 자녀들은 아버지가 다를 수는 있어도 같은 '어머니의 자녀'들이다. 형제자매관계는 어머니를 공유한다는 사실로써 인지되고 인정된다.

그런데 어머니의 자녀들 중에 힘이 센 자녀가 있다. 아들이다. 가장 힘이 센 아들은 성장하면서 자신의 누이들에게 권력을 행사하게 되는데 자기의 누이들이 낳은 아이들에게도 영향력을 행사한다. 아버지가 권력을 행사할 수 없다고 해서 남성이 권력을 행사하지 않는 것이 아니다. '외삼촌', 즉 어머니의 남자 형제라는 남성이 모계제 사회에서 힘을 갖는 것이다. 모계제와 모권제는 이런 이유로 동일한 개념이 아니다. 역사적으로 모권제 사회는 거의 존재하지 않는다는 것이 정설이다.

중국의 소수민족인 모수족(摩梭族, 모수오족)은 대표적인 모계제 사회로 알려져 있다. 이 점과 더불어, 부부관계가 아닌 남매관계가 가족의 중심을 형성하는 민족으로도 유명하다. 그렇다고 근친상간의 관계는 아니다. 「아내가 결혼했다」에서의 설명에서처럼 어머니가 연인과의 사이에서 낳은 자녀를 어머니의 남자형제와 함께 구성하는 가구에서 양육한다. 따라서 아이에게 의미 있는 남자 가족은 아버지가 아니라 외삼촌이다. "자녀 양육에 관한 모든 권한은 어머니에게" 있다기보다는, 자녀 양육에 관한 모든 고생은 어머니가 하고 혜택은 외삼촌이 누린다는 것이 좀 더 사실에 가까운 묘사다. 게다가 모수족은 순수한 모계제 사회도 아니다. 소수의 지배층은 부계 혈통의 남성들로 구성되었다. 인아가 기대하는 것과는 달리 모수족은 여성의 권한이 그다지 높은 사회가 아니고 모권제 사회는 더욱 아니다. 모계제가 모권제로 낭만적으로 미화된 사례다.

부모의 이혼 ≠ 무관심

그렇다고 이런 약점들이 「아내가 결혼했다」에서 보이는 사회학적 통찰력을 평가 절하시키는 것은 아니다. 애초에 이 작품은 사회학 논문이 아니고 허구의 소설이다. "일부일처제는 당연한 결혼 제도인가?"라는, 이 소설이 제기하는 기본적인 질문은 우리가 당연하게 생각하는 제도가 사회적 산물이라는 것을 이해하도록 이끈다. 그리고 제도가 존속하고 변동하는 사회적 조건들을 살펴보도록 자극한다. 훌륭한 사회학적 상상력이다. 이 작품에서 사회학적 통찰력의 진수는 소위 '결손 가정'의 자녀들과 청소년 비행 사이의 인과관계를 분석하는 인아의 설명에서 드러난다. 부모가 이혼한 가정을 '결손 가정'이라고 칭하는 덕훈에게 반발하며 인아는 이렇게 이야기한다.

> "[……] 결손 가정이란 말에는 편견이 숨어 있어. 가령 핵가족이나 확대가족 같은 용어에는 좋다, 나쁘다 하는 가치 판단은 들어 있지 않아. 핵가족이 일반적인 형태라고 해서 가족 구성원이 그보다 많은 확대가족이 비정상적인 거라고 생각하진 않잖아. 하지만 결손 가정이란 용어는 그렇지 않거든. 뭔가 결여된 비정상적인 가정이라는 의미로 사용하는 말이잖아. 왜 꼭 다른 사람들을 비정상으로 만들어 놓고 자기는 정상이라며 좋아하는지 모르겠어. 남의 소중한 가정을 결손 가정이라는 말로 모욕하면 안 되지. 구성원이 덜 있건 더 있건 가정이면 그냥 다 가정인 거야."
>
> -『아내가 결혼했다』, pp. 291~292

사회학적 관점은 가치 판단을 배제하고 현상을 존재하는 그 자체로 관찰한다. 가치가 개입된 '결손 가정'이라는 개념보다 '한 부모 가정'이라는 가치중립적인 개념을 사용하는 것은 이 이유에서이다.

인아의 설명에도 덕훈은 굽히지 않고 이혼한 가정에는 뭔가 문제가 있으니까 결손 가정이라고 하지 않느냐고 반론한다. 이에 대해 인아의 재반론이 이어진다.

> "가족 구성과 안정적인 가정과는 무관해."
> "그게 왜 무관해? 부모 중 하나가 없으면 비뚤어지기 쉽지."
> "오히려 이혼한 가정의 자녀가 소위 정상적인 가정의 자녀보다 덜 비뚤어진다는 거 알아?"
> "그게 말이 되냐?"
> "당신도 대뜸 그게 말이 안 된다고 결론부터 내려 버리잖아. 그러니까 편견이라는 거지. 사람들 생각이 어떠하건 통계적으로는 그렇게 나와 있어. 비행 청소년의 배경에는 가족 구성원이 부족한 가정이 아니라 애정이 부족한 가정이 있는 거야. 이혼 때문에 아이들이 잘못되는 게 아니야. 이혼하기 전부터 문제가 있는 가정환경이, 혹은 이혼한 후에 아이에게 무관심하게 대하는 것이 나쁜 영향을 끼치는 거라고. 요는 가족이 어떻게 구성되어 있고 가족의 수가 몇인 게 중요한 게 아니라 가족 구성원들끼리 얼마나 서로 관심과 애정을 갖고 있는가, 얼마나 화목한가가 중요하다는 거지."
>
> – 『아내가 결혼했다』, p. 292

현상의 원인과 결과에 대한 논쟁이다. 덕훈의 주장은 부모의 이혼을 경험한 아이들, 즉 가정에서 부모 중 한 사람의 부재를 일상적으로 경험하는 아이들이 비행을 저지르는 경향이 높다는 것이다. 부모의 이혼이 원인, 자녀의 비행이 결과다. 반면 인아는 부모의 이혼이 직접적인 원인이 아니고 가족 내 애정 결핍이 청소년 비행의 중요한 원인이라고 주장한다. 대립하는 이 두 가설 중 어떤 가설이 참인지를 판별하기 위해 사회학은 통계적 검증을 한다. 많은 수의 청소년들을 조사하여 부모의 이혼과 청소년 비행에 인과관계가 있는지 없는지를 통계학적으로 분석하는 것이다. 인아의 가설이 옳다면 통계적 분석은 부모의 이혼 여부와 상관없이 가정 내의 무관심의 정도가 높을수록 비행이 증가한다는 결론을 도출해 낼 것이다. 전형적인 사회학적 탐구다.

일처다부의 새로운 결혼 제도를 꿈꾸는 인아의 당돌한 시도는 거대한 사회적 힘의 장벽에 부딪히게 된다. 일부일처가 사회적 산물이고 사회적 환경의 변화에 따라 변할 수도 있는 유동적인 제도라는 점은 충분히 밝히고 이해시켰지만, 제도는 하나의 사회적 실체로서 개인의 행위와 선택에 영향을 미친다는 점도 실감한 것이다. 한국에서 한 여성이 남편 두 명을 두고 이들과 함께 살면서 딸을 키운다면, 주위에서 따가운 시선이 그녀에게 쏟아질 가능성이 크다. 사회적 힘이 사람들의 시선이라는 형태로 작용한다. 평소에는 눈에 띄지 않던 사회구조가, 누군가 그 질서에서 벗어나려 하면 어느새 그의 길을 가로막으며 자신의 존재를 각인시킨다. 인아는 두 남편과 딸과 함께 뉴질랜드로 이민 가기로 결정한다. 인아와 남편들이 결정했지만, 사실은 사회적 힘이 그들을 뉴질랜드로 보내는 것과 다름없다.

「아내가 결혼했다」가 제기하는 사회학적 질문과 그에 대한 답을 찾는 과정을 보고 혹자는 사회학이 급진적인 학문이라고 생각할지도 모르겠다. 잘 유지되고 작동하는 제도와 미풍양속을 무너뜨리려는 불순한 의도를 가진 학문으로 여길지도 모른다. 그러나 사회학이 어떤 '의도'를 가진 학문이라는 것은 오해다. 물리학이 인류를 파멸시키겠다는 의도를 가지고 핵융합 원리를 연구하지 않듯이 사회학도 현재의 결혼 제도를 전복시키려는 의도를 가지고 가족을 연구하지는 않는다.

단지 사회학은 사람들이 일상에서 의문을 품지 않고 당연하게 받아들이는 사회 현상을 과학적으로 분석을 할 따름이다. 그리고 그 분석 결과, 해당 현상에 모종의 숨은 권력이 작동하고 있었다든가, 특정 집단들에 대한 소외가 이루어지고 있다든가, 제도가 비효율적이라던가 하는 점들이 드러날 수는 있다. 이런 분석 결과로 축적된 사회학적 지식이 사회적 행동의 근거로 이용될 수도 있겠지만, 그렇다고 해서 사회학 자체가 급진적인 학문이라고 할 수는 없다. 핵무기 문제로 물리학자들을 비난할 수 없듯이 전통적인 결혼 제도에 반기를 드는 행동을 사회학자의 탓으로 돌릴 수도 없는 것이다.

「아내가 결혼했다」에서는 사회학적 지식이 거대한 제도의 부정이나 전복을 위해서 동원되는 것처럼 보이지만, 사실 사회학은 소소한 일상에서 사람들의 판단을 도와주고 삶의 질을 높이는 데에도 얼마든지 유용하게 쓰인다. 당연하게 받아들여 온 사회적 현상 하나를 선택해서 정말로 당연한 것인지 반문해 보라. 이것이 사회학적 통찰을 향한 첫걸음이다.

제5장

사회학자처럼 세상 보는 법

「화차」와 「모방범」

사회가 개인을 만드는가

일본의 추리소설 작가 미야베 미유키(宮部みゆ き)는 우리나라에서도 폭넓은 독자층을 가지고 있는 것으로 알려져 있다. 2012년에는 그녀의 작 품 「화차」가 우리나라에서 영화로 제작되어 250 여만 명의 관객을 동원하기도 했다. 미야베 미유 키는 '사회파 추리소설 작가'로 흔히 분류된다. 범죄의 동기를 개인에게서 찾기보다 사회적 맥락 이나 구조와 연관시켜 이해하기 때문이다. 그녀

『화차』(문학동네, 2012)

는 한걸음 더 나아가 사회학적 시선의 중요성을 강조한다. 그녀의 또 다 른 대표작 「모방범」에는 다음과 같은 대화가 등장한다.

> "[……] 어떤 사건이 사회에서 어떻게 받아들여지는지를 아는 좋은
> 자료는 될 수 있어."
> "그건 우리보다는 사회학자가 관심을 가져야 하는 문제 아닌가."
> [……]

"그건 아니지. 자네, 앞으로 경찰은 사회학자와 같은 눈을 가지고 사물을 보는 훈련을 하지 않으면 곤란해질지도 몰라."

－『모방범』제3권, p. 190

"사회학자와 같은 눈"은 도대체 어떤 눈일까? 그리고 경찰에게 사회학자와 같은 눈이 필요한 이유는 무엇일까? 미야베 미유키가 이야기한 "사회학자의 눈"은 범죄가 발생한 사회의 구조적 맥락을 바라보는 눈을 의미한다. 그녀는 사회학자의 눈을 가지고 자신의 추리소설에서 일탈이나 범죄의 원인을 사회구조로부터 찾는 경향이 있다. 어떤 유형의 범죄를 촉진하는 사회적 힘이 존재한다는 것이다. 이런 관점은 「화차」에서 뚜렷이 보인다.

「화차」는 세키네 쇼코와 신조 교코라는 두 여성이 이야기의 중심이다. 이 두 사람은 신용경제의 희생양이다. 신조 교코의 경우, 아버지가 집을 사기 위해 과도한 대출을 받았는데, 그 빚을 갚지 못해 결국은 딸인 자신마저 불법 채권 추심원에게 쫓겨 다니며 불안한 삶을 산다. 세키네 쇼코는 신용카드 빚을 갚을 수 있는 능력 이상으로 사용하다가 채무 불이행 상태가 되었으나 개인 파산 신청을 해서 겨우 구제를 받았다. 야쿠자의 추적으로부터 탈출할 수 있는 가능성을 찾지 못한 신조 교코는 일면식도 없던 세키네 쇼코의 개인정보를 알아내서 그녀를 잔인하게 살해하고 세키네 쇼코의 신분으로 야쿠자를 피해 살아간다(신조가 세키네의 개인정보를 알아낼 수 있었던 것은 세키네가 이용했던 통신판매 회사의 기록을 입수할 수 있었기 때문이다. 전화나 온라인으로 쇼핑을 하는 통신판매산업은 신용카드 보급의 최대 수혜자 중 하나다). 세키네 쇼코로서의 삶을 살면서 어느 정도 생활이 안정되고 결혼까지 눈앞에 둔 신조 교코는 세키네의 개인파산 사실을 모른 채 신용카드를 신청했던 것이 화근이 되어 결국은 정체가 드러나게 된다. 이 소설에서 모든 비극은 빚에서 시작되어 빚에서 끝난다. 신용경제의 덫에서 겨우 벗어나 새로운 인생을 시작할 수 있었던 세키네 쇼코는, 또 다른 신용경제의 덫에 걸렸으나 자신 같은 탈출 통로를 찾지 못한 신조 교코에게 희생되어 버리고, 어쨌든 새 기회를 찾은 신조 교코 역시 신용경제 활성화 과정에서 집적된 정보에 발목이 잡혀 자신이 계획했던 행복을 누리지 못하게 되었다. 빚을 내서 집을 사게 하고 과소비를 하게 조장하는 신용소비경제 시스템이 없었다면 신조 교코가 세키네 쇼코를 죽일 일도 없었을 것이다.

신조 교코는 살인을 하고 사체를 토막 내서 유기한 잔인한 범죄자이기는 하지만, 본인의 잘못이 아닌 아버지의 채무 때문에 야쿠자들로부터 괴롭힘을 당했다는 점, 행복해지고 싶다는 소박한 소망이 폭력으로 유린당해 왔다는 점에서 독자들에게 어느 정도의 동정심을 유발한다. 그녀가 아름다운 외모의 소유자라는 사실도 그에 한몫할 법하다. 반면 세키네 쇼코는 피해자임에도 불구하고 상대적으로 동정을 받기 힘든 인물로 묘사되었다. 그녀의 개인파산을 도왔던 미조구치 변호사는 이렇게 말한다.

"그래요. 아마도 당신은 이렇게 생각하겠죠. 세키네 쇼코는 개인파산을 한 인간이다. 게다가 술집에서 일했다. 돈을 함부로 써 대고 어지간히 칠칠치 못한 여자였겠지. 보나마나 평소 생활도 엉망이었을 테니 인간관계를 더듬어 가는 일은 꽤나 피곤할 것이다. 아닙니까?"

– 『화차』, p. 148

그런데 이런 생각은 오해라고 미야베 미유키는 미조구치 변호사의 입을 빌려 설명한다. 실제로 이 소설에서 미조구치 변호사는 지루하리만치 장황하게 새로운 소비자신용경제 시스템이 젊은 일본 여성들의 과소비를 부추기는 메커니즘을 설명한다. 그리고 또 한번 독자의 판단을 묻는다.

> "그렇죠. 당신은 지금 이런 생각을 할지도 모릅니다. 그래, 소비자신용 세계에 여러 가지 문제점이 있다는 건 잘 알았다. 구조적인 문제, 금리 문제, 서투른 행정, 부족한 교육, 그건 충분히 이해했다. 그러나 아무리 그렇더라도 결국 개인의 문제가 아닌가. 그 개인에게 약점이 있으니까, 세상을 우습게 보는 면이 있으니까 그렇게까지 추락하는 것이다. 그 증거로 일본 국민 전체가 다중채무자가 된 건 아니지 않은가. 나만 해도 그런 상황에 처하지 않았다. 성실하고 제대로 된 인간이라면 전혀 문제될 게 없다. 다중채무를 떠안은 것은 역시 본인에게 어떤 결함이나 단점이 있기 때문이다. 아닙니까?"
>
> - 『화차』, p. 161

그리고 미조구치는 사건을 수사하는 혼마 형사에게 구조의 의미와 개인의 행동에 영향을 미치는 사회구조의 중요성을 이해시키기 위해 자동차 사고를 예로 들어 설명한다. 혼마의 부인이 자동차 사고로 사망했다는 사실을 알고서 일부러 자동차 사고의 예를 들고 있다.

> 변호사가 고개를 끄덕이고 물었다. "사고 현장에 중앙분리대가 있었습니까? 도로 폭은 어느 정도였나요? 여차했을 때 부인이 반대편 차

선의 차를 피할 수 있는 여유 공간이 있었습니까?

변호사의 질문에 혼마는 말없이 고개를 가로젓는 것으로 대답을 대신했다.

"그런 경우에 잘못은 누구에게 있을까요?" 변호사가 말했다. "물론 졸음운전을 한 트럭기사에게 과실이 있는 건 분명합니다. 그러나 그들을 그런 근무 상태로 내몬 고용주에게도 문제가 있습니다. 대형 트럭과 일반 승용차가 같이 주행하는 도로에 충격을 막아주는 중앙분리대를 설치하지 않은 행정 측도 잘못입니다. 도로 폭이 좁은 것도 문제예요. 길을 넓히고 싶어도 넓힐 수 없었던 것은 자치체의 도시계획이 잘못되었기 때문이고, 땅값이 손쓸 수 없이 뛰어올랐기 때문이기도 하죠."

[······]

"그렇게 생각해 보면 사고에는 무수한 원인과 이유가 있습니다. 개선해야 할 점도 수없이 많죠. 가령 내가 지금 여기서 그런 요소들을 다무시하고, '그래도 결국 사고를 일으킨 건 운전자 잘못이다. 피해자나 가해자나 마찬가지다. 제대로 된 사람이라면 사고 따위 일으키지 않는다. 사고를 당한 것은 운전이 미숙했기 때문이다'라고 말한다면 당신은 어떤 심정일까요?"

[······]

"비슷한 얘깁니다." 미조구치 변호사가 고개를 끄덕였다.

"다중채무자들을 한데 싸잡아서 '인간적으로 결함이 있기 때문'이라고 단죄하는 것은 쉽습니다. 그러나 그것은 자동차 사고를 당한 운전자에게 전후 사정을 전혀 참작하지 않고 '너희 운전이 시원찮았기 때문이다. 이런 인간에게는 면허를 내 주지 말았어야 한다'고 쏘아붙이는 거나 마찬가지입니다. 봐라, 그 증거로 한 번도 사고를 안 낸 사람들이 허다하지 않느냐, 그런 사람들을 보고 배우라고 말이죠."

[……]

"교통사고에서 운전자의 책임론만 운운하고, 무성의한 자동차 행정과, 안전성보다 겉모습과 경제성에만 집착해서 잇달아 새로운 모델을 만들어 내는 자동차 업계의 생리에 주목하지 않는 것은 잘못입니다. 그렇죠?"

-『화차』, pp. 163~165

교통사고를 낸 것은 개인이지만 도로상황, 도로행정, 자동차의 안전장치, 운전자를 운전에 집중하기 어렵게 만드는 노동환경 등등 개인 외부의 요인들도 사고에 영향을 미친다. 같은 논리로 다중채무자들이 발생하는 것도 소비를 절제하지 못하는 개인의 책임과 더불어 소비를 조장하는 신용산업의 구조와 관련 법과 제도 등의 영향을 무시할 수 없다는 것이다. 개인의 행동을 사회적 맥락에서 이해하고자 하는 전형적인 사회학적 관점이다(그렇다고 해서 이 관점이 인간을 사회적 힘이 지시하는 대로 움직이는 수동적인 꼭두각시로 여기는 것은 아니다. 사회구조의 특정 측면들이 개인 행위자의 특정 행동을 이끌어 내는 '경향'이 존재한다고 보는 것이다). 이런 맥락에서 보면 "경찰이 사회학자의 눈을 가져야 한다."라는 미야베 미유키의 소설 속에서의 제안은 경찰이 사회구조의 본질과 변동 과정을 이해해야 효율적인 범죄 수사, 더 나아가 범죄 예방을 할 수 있다는 것을 의미할 수 있다.

개인이 사회를 만드는가

「화차」에서 드러난 사회학적 관점이 사회구조
가 개인의 행동에 미치는 영향력에 초점을 맞췄
다면, 미야베 미유키의 또 다른 인기 추리소설
「모방범」은 사회구조보다는 행위자에 상대적으
로 더 많은 관심을 두고 있다. 여기에 사회학적
관점의 다른 중요한 측면이 깃들어 있다. 인간은
사회구조의 영향을 깊게 받지만, 그 사회구조는
행위자들로부터 전적으로 독립되어 존재하는 것

「모방범」(문학동네, 2012)

이 아니라 인간들이 끊임없는 상호작용 과정 속에서 구성해 내는 결과물
이기도 하다. 사회구조는 행위자들의 행동에 영향을 미치고 행위자들은
사회구조를 만들어 내는 역동적인 과정이 지속되면서 우리 사회는 끊임
없이 재편된다.

「모방범」에서는 젊은 남성 범인이 젊은 여성들을 납치해서 연쇄적으
로 살해하고 그 사실을 언론을 통해 알릴 뿐만 아니라 피해자 가족과 방
송국에 전화를 걸어 자신의 행위를 자랑한다. 독자들은 범인이 누구인
지 소설 초반부터 짐작할 수 있으므로, 이 소설은 독자들이 읽는 과정에
서 상상력을 발휘하다가 미궁에 빠지고 결국은 작가의 교묘한 장치에 속
아 두 손을 들게 되는 그런 유형의 추리소설은 아니다. 그보다는 범행과
범인을 밝히기 위해 등장인물들이 취하는 다양한 관점과 상황에 대한 해
석, 그리고 범행 동기의 분석이 더 중요한 요소이다. 즉, 능동적인 행위
자들에 대한 분석이 구조에 대한 분석에 우선한다.

「화차」에서와 같은 사회학적 분석이 「모방범」에도 등장하지 않는 것은 아니다. 사건을 추적하는 르포기자 시게코는 젊은 여성에 대한 연쇄 납치·살인 사건에 대한 사회구조적 배경을 소개하면서, 이 관점이 사건을 설명하기에 충분하지 못하다고 비판한다.

> 그러므로 지금 일부 여성들 사이에서 이번 사건에 대해 '여성을 소모품으로 취급하는 남성 우위의 사회'가 그 원인을 제공한 것이라고 주장하는 것을 시게코는 그리 달갑게 여기지 않았다. 일본이 남성중심 사회라는 것은 엄연한 사실이며, 여자를 장난감처럼 취급하는 생각이 뿌리 깊게 박혀 있고 그런 것들이 폭력적인 성범죄를 낳는 토양이 되는 것도 사실이지만, 그런 주장만으로 이 사건을 가늠하려 한다면 나무를 보고 숲 전체를 상상하는 식의 오류에 빠지고 말 것이다.
>
> — 『모방범』 제2권, p. 514

남성우위사회라는 구조가 여성 납치·살해라는 행위를 생산한다는 도식적인 분석으로는 사건의 본질을 이해할 수 없다는 주장이다. 그 대안, 또는 보완책으로 시게코는 행위자의 관점을 이해하는 방식을 고려할 것을 제안한다.

> 사회가 그를 받아들여 바라는 지위를 주지 않는 바에야 자기만의 작은 독립국을 만들어 그 안에서 왕이 되는 것이 훨씬 수월하다. 왕은 그 나라에 사는 모든 사람의 생살여탈권을 장악하고 있으므로 무슨 짓을 해도 상관없다. 희생양이 젊은 여성들이었던 것은, 구리하시 히로미가 자신의 성적 안테나를 같은 또래의 여성으로 향하고 있는 젊은 남자였기 때문이다. 그가 유아성애자였다면 어린아이를 노렸을

테고, 동성애자였다면 젊은 남자를 노렸을 것이다. [……] 구리하시 히로미를 움직인 것은 다른 어떤 것도 아닌, 자신을 인정해 주지 않은 현실에 대한 격렬한 분노였다.

－『모방범』제2권, pp. 514~515

이 분석에서는 범인이 상황을 어떻게 이해하고 있는지가 중요하다. 자신이 사회로부터 인정받지 못하고 있다는 사실을 자각한 범인은 인정받을 수 있는 자신만의 환경을 창조해 내는데, 이것이 바로 무기력한 여성들을 납치해서 무소불위한 자신의 힘을 과시하는 '자기만의 작은 독립국'이다. 그리고 사회구조와 관계가 없는 개인의 성적 지향(이성애자인지, 유아성애자인지, 동성애자인지)도 중요한 요인으로 작용한다.

범인 개인의 행동을 이해하는 데 있어서 가장 많이 동원되는 시각 중 하나는 심리학적 관점이다. 연쇄 납치·살인 사건을 수사하고 있는 팀원 중 한 명인 이쿠다 형사는 범죄를 노골적으로 공개하는 범인에 대한 범죄심리학적 해석을 소개한다.

"범죄심리학자들은, 범인이 그런 행동을 하는 것은 무의식에서는 경찰이 빨리 자신을 붙잡아서 벌을 주기를 바라는 충동이 있기 때문이라고 설명해. 그럴지도 모르지. 그렇지만 난 그 이상으로 자신이 한 일을 인정받고 싶고, 확인하고 싶은 충동이 더 강하다고 생각해."

－『모방범』제3권, p. 196

시게코와 이쿠다의 해석에는 개인의 '행동'을 분석하려는 심리학적 배경이 깔려 있지만, 그 외에도 한 가지 중요한 공통점이 발견된다. 범인은 사회에서 자신이 어떻게 받아들여지는지를, 즉 사회에서의 자신의 지위나 위치를 분석한 후 사회로부터 자신의 능력을 '인정받기' 위해 능동적으로 특정 행동을 계획하고 실행에 옮겼다는 점이다. 이는 개인의 행위가 사회적 맥락에서 일어나며, 인정 획득을 위한 능동적이고 적극적인 행동이 사회적 지향성을 띠고 있다는 맥락에서의 분석이다. 이처럼 개인이 사회를 이해하는 방식, 사회에 반응하는 방식, 자신의 행동을 선택하는 방식도 사회학적 관점의 한 축을 형성한다. 행위자들의 집합적 선택과 행동, 그리고 행위자들 사이의 상호작용이 사회구조를 구성하기 때문이다.

사회적 실재는 어떻게 존재하는가

미야베 미유키가 등장인물의 입을 통해 명시적으로 언급한 "사회학자와 같은 눈"도 구조보다는 행위자에 우선적 관심을 두고 있다는 맥락에서 사용되었다. 이쿠다 형사는 실제로 발생한 형사사건에 대한 의견을 교환하는 인터넷 사이트를 조사한다. 이 사이트에는 피해를 당했지만, 또는 피해를 당할 뻔했지만 경찰에는 신고하지 않은 사례들도 올라와 있고, 이쿠다의 팀이 수사하고 있는 사건에 대한 의견, 분석, 느낌(특히 여성들의 두려움) 등의 글들이 게시되고 토론된다. 경찰이 놓친 새로운 정보를 얻을 수 있는 것은 아니지만 "어떤 사건이 사회에서 어떻게 받아들여지는지를 아는 좋은 자료"가 될 수 있기 때문에 이를 살펴볼 필요가 있으며, 경찰도 이런 "사회학자와 같은 눈을 가지고 사물을 보는 훈련"을 해야 한다고 역설한다.

사회학적 관점은 왜 사건이 사회에서 수용되는 형태와 과정에 관심을 가질까? 앞서 이야기했지만 사회적 실재는 물리적 실재처럼 가시적으로 개인의 외부에 존재하지 않는다. 즉 눈에 보이지 않는 실재다. 여기에서 한 가지 중대한 문제가 발생한다. 예를 들어 남성이 여성에 대해 행사하는 억압의 형태와 정도가 동일한 두 사회가 존재한다고 하자. 그런데 한 사회의 여성들은 이 상태를 억압으로 인지하지 못하고, 다른 사회의 여성들은 억압으로 수용한다면, 과연 어떤 것이 사회적 실재일까? 객관적인 억압 상태가 실재로서 존재하는 것인가, 아니면 억압이라고 여기는 집합적 태도 또는 억압이 아니라고 여기는 태도가 객관적 실재보다 더 중요한 것인가? 예의 두 사회에서 여성과 남성들이 취하는 행동과 태도는 매우 다를 것이고 이 차이는 '객관적인' 사회적 실재보다는 사회의 성원들이 '실재라고 여기는 것' 또는 '성원들의 다양한 의사소통과 상호작용의 결과, 실재인 것처럼 구성된 것'의 차이에서 비롯된다. 스스로를 남성 폭력의 잠재적 피해자라고 보는 여성들이 많아질수록 그들의 행동에 영향을 미치는 사회적 실재는 그것의 객관적 존재 형태와 상관없이 영향력을 발휘한다. 즉 사회적 실재는 행위자들의 상호작용과 의사소통을 통해 구성된다. 따라서 사회를 이해하기 위해서는, 사회적 실재나 사회구조가 삶으로부터 독립되어 있다고 보는 관점을 보류하고, 사회의 행위자들과 집단들이 활발한 상호작용을 통해 자신들의 상황과 환경을 이해해가는 과정 자체를 분석하는 것이 중요해진다.

이쿠다가 언급한 인터넷 사이트에 참여하는 사람들, 특히 여성들은 게시물의 열람과 토론 등의 활발한 의견 교환 과정 속에서 젊은 여성이라는 자신의 지위가 남성에 의한 구체적인 범죄와 폭력에 노출될 가능성이 큰 집단에 속해 있음을 인지하게 된다. 그리고 범죄와 무관했다고 생각했던 지난 경험 속의 사건들을 미수 범죄라는 새로운 맥락에서 이해한다. 그럼으로써 연쇄 납치·살인 사건의 피해여성과 자신을 동일한 사회적 실재가 작용하는 구조 속에 놓고 바라볼 수 있게 된다. 이러한 사회학적 시각을 가지고 분석을 한 덕택에(물론 소설이니까 그렇겠지만) 경찰은 홈페이지에서 여성 납치·살해 사건과 유사한 경험을 한 적이 있는 여성을 찾아내어 중요한 제보를 받게 되고, 이 제보가 결국은 진범을 검거하는 데 큰 도움을 주게 된다.

사회학적 관점은 사건이 사회에 끼치는 영향도 분석한다. 다음은 사건을 수사하는 형사 다케가미의 말이다.

> "[……] 이렇게 말하는 게 어떨까. 이번 범인들은 연속살인의 실황 중계라는 전대미문의 행동을 했어. 그리고 그 중계가 한참 열기를 더해 가던 도중 불가사의한 죽음으로 수수께끼를 남겼어. 이런 엄청난 각본이, 직접적으로 사건과 관계없이 지극히 평범한 삶을 살아가는 사람들의 마음속에 어떤 감정을 불러일으키는지, 나는 그것을 알고 싶어. 특히 피해자들과 같은 세대의 여성들이 이런 터무니없는 짓을 저지를 범인들과 그들이 존재하는 이 사회에 대해 어떤 감정을 갖고 있는지, 이것이 어떤 악영향을 남기고 어떤 부정적인 요인으로 계승되어 갈지를."
>
> - 『모방범』 제3권, pp. 265~266

미야베 미유키의 작품들, 특히 여기에서 살펴본 「화차」와 「모방범」에는 전형적인 사회학적 관점들이 스며들어 있다. 작가는 "사회학자와 같은 눈"을 직접 언급하면서 범죄와 범죄자, 그리고 사회를 이해할 때 사회학적 관점이 얼마나 중요한지를 강조한다. 사회문제를 만들어 내는 사회구조의 힘, 사회구조를 만들어 가는 개인들의 상호작용, 그리고 이 둘 간의 역동적인 관계에 사회학적 관점은 특히 주목한다. 사회학적 관점은 사회를 이해하게 해 줄 뿐만 아니라 '나'의 존재를 이해하는 데도 큰 도움이 된다. 자신도 모르게 '나'에게 영향을 미치는 거대한 사회적 힘들을 이해하게 해 줌으로써 구조적 장애를 극복할 수 있는 시각을 갖게 해 준다. 삶의 지평을 넓혀 주는 것이다. 이 책을 읽고 있는 당신도 '사회학자와 같은 눈'을 갖게 되기를 바란다. 산에 가기 전에 등산장비를 갖추고 있는 자신에게 작용하는 사회적 힘들이 보이게 될 것이다.

제6장

이건 사회학이라구요

「헬프」

캐스린 스토킷(Kathryn Stockett)의 소설 「헬
프」는 1960년대 미국 남부의 미시시피주에서 백
인 집안에서 가사도우미로 일하는 흑인 가정부
들의 이야기다.[21] 흑인 가정부들은 단순히 가사
만 돕는 것이 아니라 백인 자녀들의 양육도 도맡
아 한다. 중산층 이상 백인들은 대부분 흑인 가정
부에 의해 키워졌다고 말해도 과언이 아닌데, 어
려서는 가정부를 잘 따르던 백인 아이들이 성장

『헬프』(문학동네, 2011)

하면서 가정부와의 관계를 단절당하고 인종차별이 지속되는 사회의 일
원이 되어 버린다. 대학 졸업 직전까지 가정부 콘스탄틴과 친밀한 관계
를 유지해 왔던 스키터는 갑자기 콘스탄틴과 연락이 끊긴다. 자신을 키
워 준 콘스탄틴에 대한 사랑과 그리움이 짙게 남아 있는 상태에서, 스키
터는 결혼한 친구들의 집에서 가정부가 부당한 대우를 받는 것을 목격하
고, 또한 미시시피에서 흑인들이 겪는 폭력적 억압과 차별에 눈을 뜨게

---

21 이 소설을 원작으로 2011년에 동명의 영화가 제작되었다. 가정부 미니를 연기한 옥타비아
스펜서가 2012년 아카데미상 시상식에서 여우조연상을 수상하기도 했다.

된다. 작가 지망생인 스키터는 흑인 가정부들의 이야기를 책으로 쓰기로 하고 가정부들을 인터뷰하는데, 이 과정에서 스키터는 인종 편견과 차별의 문제를 깊이 있게 이해하게 된다.

'헬프'는 이 소설의 제목이면서, 동시에 소설 속에서 스키터가 가정부들과 함께 쓴 책의 제목이기도 하다. 본문을 완성한 후 스키터는 가정부들인 아이빌린, 미니와 함께 책의 제목을 정하기 위해 고심한다.

"제목을 정해야겠어요." 관자놀이를 문지르며 내가 말한다.

"몇 가지 생각해 봤는데요. '유색인 가정 고용인들과 그들을 고용한 남부 가정들', 이게 어떨까 해요."

"뭐라고요?" 미니가 처음으로 나를 쳐다보며 말한다.

"이 책을 가장 잘 설명하는 제목이에요. 그렇지 않아요?" 내가 말한다.

"일을 엉망진창으로 그르칠 생각이라면 그렇지요."

"이건 허구가 아니잖아요, 미니. 사회문제를 다룬 거예요. 정확해야 해요."

"그렇다고 지루하게 들려야 한다는 법은 없잖아요."

– 『헬프』 제2권, p. 198

이런 실랑이 끝에 결국 제목을 "가정부(The Help)"라고 정하게 된다. 미니와 스키터 사이의 이 대화에서는 보이지 않지만, 소설 원본에서는 바로 여기에 사회학이라는 이름이 등장한다. 위 대화의 마지막 두 대사는 영어로는 이렇게 표현되어 있다.

"This isn't fiction, Minny. It's sociology. It has to sound exact."

"But that don't mean it have to sound boring," Minny says.

- 『The Help』, p. 362

이 짧은 주고받음에 우리가 생각해 볼 만한 사회학적 문제 또는 주제가 여러 가지 담겨 있다.

사회문제≠사회학, 추리소설도 다 다르다

먼저 사회학과 사회문제의 관계다. "It's sociology."는 그대로 번역하면 "이건 사회학이라구요." 정도가 되겠다. 역자는 sociology를 사회문제라고 번역했는데, 소설의 맥락상 무난하고 자연스럽기는 하다. 주인공들의 작업은 흑인 가정부들이 자신들의 입장에서 느끼는 백인 가정에서의 가정부 일에 관한 것으로, 이는 인종차별이라는 사회문제를 다루는 것이기 때문이다. 아마 이들의 작업이 정확히는 사회학적이 아니라고 판단해서, 또는 사회학이라고 하기에는 가벼운 작업이라고 해서 "사회문제를 다룬 것"이라고 의역했으리라 짐작된다. 그렇다면 사회학과 사회문제는 호환 가능한 개념일까? 꼭 그렇지는 않다. 사회학이 사회문제를 주제로 다룰 수 있지만, 사회문제가 사회학의 유일한 주제는 아니다. 그리고 사회문제를 다룬 분석이 항상 사회학적 분석인 것도 아니다. 사회문제와 사회학의 관계를 생각해 보기 위해 다시 추리소설의 예들을 살펴보도록 하겠다.

앞서 미야베 미유키의 작품들에는 사회학적 관점이 두드러진다는 설명을 했다. 그리고 소설 「화차」와 「모방범」이 각각 소재로 다루고 있는 소비자신용경제의 부작용과 여성 납치·살해 사건은 모두 사회문제다. 이 소설들은 사회문제를 소재로 사회학적 접근을 한 소설들이라고 볼 수 있다. 이탈리아의 추리소설 작가 안드레아 카밀레리(Andrea Camilleri)와 스웨덴의 추리소설 작가 헨닝 만켈(Henning Mankel)도 사회문제들을 소재로 작품을 쓴다(범죄 자체가 사회문제이므로 범죄추리소설들은 정의상 사회문제를 다룬다고 해도 무리가 아니다). 그런데 이들의 작품은 미야베의 작품에 비해 사회학적 관점이 그다지 두드러지지 않는다.

카밀레리는 몬탈바노(Montalbano)라는 형사를 내세운 소설 시리즈를 집필하고 있고, 만켈은 발란더(Wallander)라는 형사가 주인공으로 등장하는 시리즈의 작가다. 가공의 두 형사는 닮은 점이 많다. 인구 2만 명에 못 미치는 작은 소읍 경찰서의 유능한 형사이고, 동료들로부터 신망을 얻고 있으며 또한 믿을 만한 부하들을 두고 있다. 둘 다 경찰직에 회의를 느끼고 전직을 심각하게 고려한다. 독신인데(몬탈바노는 미혼이며, 발란더는 이혼함), 여자친구가 멀리 떨어져 있다. 그리고 술을 좋아한다.

이런 유사점에도 불구하고 독자들은 책을 읽기 시작한 지 오랜 시간이 지나지 않아 몬탈바노의 이태리(구체적으로는 시실리)와 발란더의 스웨덴, 이 두 사회 차이를 확연히 느끼게 된다. 배경이 되는 사회의 분위기가 고스란히 전해져 오기 때문이다. 두 작가의 문장 스타일의 차이에서 비롯되는 것일 수도 있지만, 이들 작가의 작품들에서 독자가 느끼는 사회 분위기의 차이가 이미 우리가 가지고 있는 두 나라에 대한 선입관에서 크게 벗어나지 않는다는 점은 문장 스타일 이상의 중요한 차이가 있으리라는 판단을 지지해 준다.

시실리의 몬탈바노 형사는 음식에 집착한다. 먹는 행위 자체를 사랑한다. 저녁을 먹을 시간이 1시간밖에 없을 때, 그렇게 빨리 먹어야 한다면 그 것은 "동물이나 나무가 하는 영양 섭취와 같은" 행위라며 그럴 바에야 차라리 저녁을 먹지 않는 것을 선택할 정도다(『Rounding the Mark』, p. 210). 그는 대식가이자 미식가다. 늘 가는 단골 식당이 있어서, 그곳에서는 그의 기분과 입맛에 맞게 요리를 해 주고, 집에서는 가정부인 아델리나가 시실리 음식을 준비해 둔다. 그는 생각할 시간이 필요할 때, 기쁠 때, 슬플 때, 피곤할 때 등등 경우를 가리지 않고 언제나 거창한 식사로 기분 전환을 한다.

몬탈바노가 먹는 음식에 대한 묘사는 독자들이 카밀레리의 소설을 읽으며 느낄 수 있는 큰 즐거움 중 하나다. 몬탈바노는 오랫동안 자신의 단골 가게였던 칼로게로 식당이 문을 닫자 큰 충격을 받았으나, 동료가 소개해 준 식당에서 그는 다시 안정을 되찾는다.

안티파스토로 나온 소금에 절인 문어는 마치 바다를 농축한 것 같은 맛이었고 입에 들어가자마자 녹았다. 오징어 먹물 파스타는 칼로게로 식당의 것과 충분히 어깨를 나란히 할 만한 것이었다. 그리고 숭어와 농어와 청돔의 모듬 구이는 앞으로 평생 맛보지 못하게 될까 두려워했었던 바로 그 천상의 맛이었다. 그의 머릿속에서 음악이, 승리의 행진곡이 울리기 시작했다. 그는 의자에 앉은 채로 행복에 넘쳐 온몸을 쭉 펴고 심호흡을 했다.

길고 위험한 항해 끝에, 오디세이는 마침내 오랫동안 갈 수 없었던 이타카를 발견해 냈다. [번역: 필자]

— 『Rounding the Mark』, p. 72

몬탈바노의 이 같은 모습은 음식에 대한 이탈리아 사람들의 남다른 사랑을 확인시켜 준다. 반면 스웨덴의 발란더 형사의 식단은 측은함을 자아낸다.

> 무감동한 외로움 속에 살면서 그는 테이크아웃 음식, 피자, 기름진 햄버거, 파스타 외에는 먹은 게 없었다. [번역: 필자]
>
> ─ 『Faceless Killers』, p. 27

이는 스웨덴 음식에 대한 오해를 풀어 주지도, 스웨덴 음식문화에 대한 무지를 계몽시켜 주지도 않는다. 스웨덴의 대표적인 음식이 무엇인지 우리가 모르는 것이 우리 잘못만은 아닌 것 같다.

둘은 커피를 마시는 방법도 다르다. 몬탈바노는 아침마다 '나폴레타나'라는 커피 추출 도구로 신선한 나폴리식 커피를 만들어 마시는데, 발란더를 비롯한 스웨덴 사람들은 보온병에 따라 마시는 장면이 지배적으로 많다.

몬탈바노와 발란더는 둘 다 술을 좋아한다는 언급을 앞서 했다. 시실리의 형사 몬탈바노는 동행과 함께 식사를 하면서 와인 두 병과 위스키를 마시고도 주저함 없이 아무렇지도 않게 운전을 해서 집으로 돌아간다 (『The Track of Sand』, pp. 172~185). 그에게 음주운전은 일상인 것 같다.

스웨덴의 발란더는 음주운전에 대해 전혀 다른 태도와 경험을 보여 준다. 그도 동행과 함께 식사를 하면서 와인을 마신다(『Faceless Killers』, pp. 138~145). 두 번째 병을 주문할 때 그는 집에 어떻게 가야 할지 걱정한다. 두 사람이 와인 두 병을 나눠 마셨으니, 두 사람이 와인 두 병을 마신 외에 위스키까지 마신 몬탈바노보다 덜 마신 셈이다. 그런데도 발란더는 바로 운전해서 집으로 가지 않고 술에서 깨기 위해 차 안에서 두 시간 동안 잔다. 그래도 술기운이 완전히 가시지 않자(추위 때문에 차 안에서 계속 자기가 어렵기도 했지만) 그는 고민 끝에 운전해서 돌아가기로 결정한다. 경찰에게 검문당하지 않도록 애써 이면도로를 선택해 갈 정도로 조심한다. 그러나 결국 경찰에게, 그것도 자신의 지휘를 받는 동료 두 사람에게 걸리고 만다.

> 몇 시간 전, 스바네홀름에서 슬리밍게 사이의 고속도로에서 노렌이 그에게 차에서 내릴 것을 지시했을 때, 그는 모든 것이 다 끝났다고 생각했었다. 그는 더 이상 경찰직을 계속 수행할 수 없게 될 터였다. 음주운전 혐의는 즉각적인 직무 정지를 의미했다. 그리고 설사 언젠가 징역살이를 마친 뒤 경찰에 복귀 허가를 받게 되더라도 그의 전 동료들의 눈을 똑바로 쳐다보지 못하게 될 처지였다. [번역: 필자]
>
> – 『Faceless Killers』, p. 144

스웨덴에서는 음주운전에 대한 태도가 이태리와도 우리나라와도 크게 다르다는 것이 보인다.

범죄를 수사하는 과정도 두 형사 간에 차이가 난다. 몬탈바노는 수사 과정에서 홍등가의 매춘 알선업자의 도움을 받는 등 어두운 커넥션을 적극적으로 활용하지만, 발란더는 공식적이고 합법적인 수사 방식을 고집한다.

이런 차이들은 단순히 개인의 차이가 아니라 개인의 행동이 발생하는 사회적 배경, 개인의 행동이 사회에서 수용되는 정도의 차이이기도 하다. 두 사회의 분위기나 문화가 작품들에 반영되어 있는 것이다. 한마디로 표현하자면, 몬탈바노 시리즈와 발란더 시리즈에서는 시실리와 스웨덴의 차이가 '남국의 태양과 북국의 눈'의 차이만큼이나 뚜렷이 느껴진다.

사회의 모습이나 문화가 작품에 수동적으로 드러나 있다고 한다면, 사회문제는 작품에 의도적으로 부각되어 있다. 카밀레리나 만켈의 작품들은 범인과 형사가 서로 교묘하게 따돌리고 좇는 두뇌싸움에 치중하기보다는, 주인공 형사가 범죄를 수사해 가는 과정에서 부딪치거나 발견하는 사회문제를 담담하게(발란더 시리즈) 또는 경쾌하게(몬탈바노 시리즈) 노출시킨다.

카밀레리의 몬탈바노 형사는 이태리, 특히 시실리 사회의 정치적 부패, 관료들의 무능, 경찰의 부패, 마피아, 불법 무기 거래, 매춘, 인신매매, 불법 이민과 난민, 불법 이민자에 대한 착취, 여성 폭행 등과 관련된 범죄들을 다룬다. 만켈의 발란더 형사는 외국인의 범죄, 여성에 대한 폭행, 사이버 범죄, 국제범죄 등을 수사한다.[22]

발란더의 생활에서 국경은 큰 의미가 없다. 오페라를 좋아하는 그는 종종 자기 나라 수도 스톡홀름보다 지리적으로 훨씬 가까운 덴마크의 코펜하겐에 가서 공연을 관람하곤 한다. 외국 여행을 갈 때도 코펜하겐 공항에서 떠난다. 그가 살고 있는 이스타드는 스웨덴 국경 안에 있지만, 그의 생활권은 덴마크의 코펜하겐에 속해 있는 듯하다. 그의 일상생활 자체가 국제적이다. 그가 수사하는 사건들 역시 국제적 배경을 갖는 것들이 많다. 남아프리카공화국(「The White Lioness」), 라트비아(「The Dogs of Riga」), 동유럽(「The Troubled Man」) 등은 사건이 발생한 장소이거나

---

22 몬탈바노와 발란더는 각각 자신의 사회에 비판적인데, 몬탈바노는 보수적인 시실리 사회에 비판적이고, 발란더는 진보적인 스웨덴 사회에 비판적이라는 점이 흥미롭다.

범죄자들의 활동 영역이다. 제3세계 국가들의 부당한 빚을 탕감한다는 것이 표면적인 범죄의 동기인 사이버금융 범죄물 「Firewall」은 국경 없는 사이버세계가 사건의 공간 일부를 구성한다(발란더 시리즈는 아니지만 동일 작가의 작품인 「The Man from Beijing」은 중국과 미국, 스웨덴을 오가며 사건이 전개된다). 발란더 시리즈의 첫 작품인 「Faceless Killers」는 무대가 스웨덴을 벗어나지는 않으나 외국인 이주자들과 그들로 인한 사회문제가 소재이다. 전반적으로 만켈의 작품들에서는 스웨덴 사회의 '정체성 위기'가 감지되고, 이와 관련되어서 불법 외국인 이민자들, 특히 구공산권 국가들이었던 동유럽과 러시아 출신 이민자들과 아프리카 출신 이민자들이 언급되는 경향이 있다.

이태리 사회가, 그리고 스웨덴 사회가 당면하고 있는 사회문제들이 소설 속에서 범죄의 배경을 형성하기는 하지만, 미야베 미유키의 소설에서와는 달리 카밀레리와 만켈의 소설들은 사건을 사회구조와 관련하여 깊이 있게 분석하지는 않는다. 그들의 작품에서는 사회적 이슈들은 사건의 배경을 구성할 뿐 사회가 특정 사건을 구조적으로 생산하거나 사건이 사회구조를 폭로시키거나 하는 경향이 미야베의 작품들에 비해 현저히 약하다. 예를 들면, 카밀레리의 「Rounding the Mark」에서 몬탈바노 형사는 바다에서 수영을 하던 중 익사체로 보이는 사체를 발견하고 수사하다가 해당 사건이 익사를 가장한 잔혹한 살인사건이었음을 알게 되고, 이 사건을 추적하는 과정에서 불법 이민을 알선하고 인신매매, 특히 어린아이들을 팔아넘기는 범죄조직이 존재한다는 사실을 알아낸다. 그는 직관과 통찰력과 용기와 희생정신을 발휘해 영웅적으로 범죄자들을 검거한다. 이 작품에 인신매매와 관련된 지하산업의 존재와 규모에 대한 이야기가 나오기는 하나, 「화차」에서처럼 불법적 거래의 구조나 사회적 의미가 구체적이고 자세히 설명되지는 않는다.

만켈의 작품 중에도 비슷한 구조의 사건이 존재한다. 어느 날 (몬탈바노의 케이스와는 달리 구명보트에 실려) 바다를 표류하던 시체가 발견된다. (몬탈바노가 인근 바다의 조류와 해류에 대한 지식을 가진 어부들의 도움을 받아 시체가 유기된 지점을 찾아냈듯이) 보트가 발견된 바다의 조류와 해류의 흐름을 파악하고 다른 증거와 정황들을 분석한 끝에, 발란더 형사는 라트비아의 고위 경찰간부의 음모를 알아내기에 이른다. 그리고 자신의 몸을 아끼지 않고 던지는 영웅적인 행동으로 음모를 분쇄한다. 라트비아에서 공산정권이 붕괴하는 급격한 사회변동 과정에서 나타난 정치적 음모가 이 소설의 소재다. 그런데 카밀레리나 만켈의 작품들은 사회적 문제에 경종을 울리지만, 둘 다 영웅들이 사건을 해결해 가는 방식에 더 치중하는 경향이 있다.

「화차」나 「모방범」은 범인이 검거되고 사건이 해결되어도 구조적인 문제는 해결되지 않으므로 영웅적인 피날레와는 거리가 멀다. 여전히 무거운 분위기가 짓누르는 가운데 이야기가 끝난다. 사회구조가 유사한 범죄들을 재생산할 것이라는 예감을 남긴다. 카밀레리의 작품들과 (그보다 정도는 덜하지만) 만켈의 작품들의 다수에서는 범죄자가 붙잡히고 범죄의 동기가 파헤쳐졌으니, 사건 수사는 종료된다. 이로써 독자들은 무엇인가 결말이 지어졌다는 안도감과 승리감을 느끼게 된다. 사건들이 사회구조와 직접 닿아 있지 않아 일회적인 현상이었다는 느낌을 주기 때문이다. 이런 의미에서 카밀레리와 만켈의 작품들은 사회문제를 비판적으로 다루고 있으나 사회학적 요소는 상대적으로 결여되어 있다. 사회문제를 다루는 것 자체가 사회학적인 것은 아니다. 사회문제를 보도하는 언론기자들이 사회학자가 아닌 것처럼 말이다.

측정, 내 친구는 진보적인가?

그렇다면 소설 「헬프」는 사회학적인가? 아니, 이 작품 안에서 스키터가 자신들의 작업을 '사회학'이라고 정의한 것은 타당한가? 적어도 이 작업에 동원된 조사방법만을 고려한다면, 그것은 타당하다고 할 수 있다. 스키터가 행한 작업은 사회학에서 '심층면접'이라고 일컫는 중요한 사회조사방법(social research method) 중 하나다.

사회학은 사회적 현상과 사회적 행동을 탐구 대상으로 하여 우리 삶의 사회적 규칙성을 연구한다. 그런데 사회학의 탐구는 사유에 주로 의존하는 사변적인 방법론이 아닌, 관찰에 기반을 둔 경험적 방법론을 사용한다. '관찰'을 해야 하는 것이다. 단순한 관찰이 아니라 정확한 관찰을 해야 한다. 물리적 실재는 도구와 대상이 정확하면 객관적인 관찰이 가능한 반면, 사회 현상의 관찰에는 많은 어려움이 따른다. 길이나 무게는 누구나 정확히 측정할 수 있지만, 사회 현상은 가장 단순한 일상의 관찰도 객관적이거나 정확하기 어렵다.

당신의 가장 가까운 친구가 진보적인지 보수적인지 측정해 보라. 한 개인의 이념적 태도는 자나 저울 같은 표준화된 도구로 측정할 수 없다. 신분증에 표시되어 있지도 않고 눈으로 판별할 수도 없다. 대부분의 경우, 보수성과 진보성의 지표가 될 수 있는 여러 가지 사회적 이슈에 대해 어떤 태도를 지니고 있는지를 관찰하여 이념적 지향을 측정하게 된다. 지난 대통령 선거, 국회의원 선거, 지방의회 선거에서 일관되게 보수 후보에게 투표한 것을 보면 이 친구는 보수적인 것 같은데, 그가 동성연애를 수용하고 낙태를 개인의 선택의 문제로 보는 것을 고려하면 진보 성향이 두드러져 보이기도 하는 사례들을 만나게 될 것이다. 개인의 이념

지향을 측정하는 것도 이처럼 어려울진대, 구성원들의 이념적 지향의 평균치라 할 수 있는 집단의 보수성/진보성을 측정한다는 것은 더 어려운 일이다. 그것을 측정할 수 없다 하더라도 그 집단의 평균적 이념 지향은 어떤 형태로인가 존재한다. 과연 어떻게 이 '사회적 실재'에 접근할 수 있는 것일까?

친구의 사회적 태도야 아무리 친하더라도 그 친구의 내면까지 알 수는 없으니까 정확히 측정할 수 없다고 하자. 그런데 자신이 어떤 사회적 태도를 가지고 있는지 스스로도 정확히 모르는 경우도 많다. 우리는 사회학을 수강하는 대학생들에게 관찰과 측정의 어려움을 설명하기 위해 간단한 설문조사를 해 보았다. 직설적으로 묻는 것보다는 간접적으로 묻는 것이 더 효과적일 때가 있다. 예를 들면, "북한과 일본 중 어느 쪽을 더 지지하십니까?"라는 질문보다는 "북한과 일본이 축구 경기를 한다면 어느 팀을 응원하시겠습니까?"라고 묻는 것이 더 솔직한 대답을 이끌어 낼 수 있다.

동성애에 대한 학생들의 태도를 묻기 위해서 아래와 같이 간접적인 질문을 수강생의 절반에게 해 보았다.

만약 귀하의 고등학생 따님의 피아노 선생님이 동성애자라는 사실을 알게 되었다면 어떻게 하시겠습니까?
1. 계속 시킨다.
2. 그만두게 한다.

그리고 나머지 절반에게는 다음과 같이 질문했다.

김연아 선수의 코치였던 브라이언 오서는 동성연애자입니다. 그는 김연아 선수를 잘 지도하여 올림픽 금메달을 따게 하는 데 도움을 주었습니다. 귀하의 고등학생 따님의 피아노 선생님이 동성애자라는 사실을 알게 되었다면 어떻게 하시겠습니까?

1. 계속 시킨다.
2. 그만두게 한다.

위의 두 집단은 강의실의 대략 중간을 기준으로 왼쪽에 앉은 학생들과 오른쪽에 앉은 학생들로 나눈 것이다. 각 집단은 다른 집단에 주어진 질문이 무엇인지 모르는 상태에서 조사를 받았다. 이런 조사를 여러 개의 다른 수강반을 대상으로 실시했는데, 결과는 모두 유사하게 나왔다. 2011년에 경북대학교에서 사회학 전공과목인 '사회조사방법론'을 수강한 학생들 중 첫 번째 질문을 받은 학생들은 65%가 '계속 시킨다'고 응답하고 35%가 '그만두게 한다'고 응답했다. 두 번째 질문이 주어진 학생들은 80%가 '계속 시킨다', 20%만이 '그만두게 한다'고 응답했다. 2010년에 국민대학교에서 교양과목인 '여론조사와 사회통계의 이해'를 수강한 학생들은, 첫 번째 질문에 대해서는 44%가 '계속 시킨다', 56%가 '그만두게 한다'고 대답한 반면, 두 번째 질문에 응답한 학생들은 60%가 '계속 시킨다', 40%가 '그만두게 한다'고 대답했다.

브라이언 오서에 관한 정보를 제공하지 않은 경우

구분	경북대 학생 (사회학 전공)	국민대 학생 (사회학 비전공)
1. 계속 시킨다	65%	44%
2. 그만두게 한다	35%	56%

구분	경북대 학생 (사회학 전공)	국민대 학생 (사회학 비전공)
1. 계속 시킨다	80%	60%
2. 그만두게 한다	20%	40%

　교사가 동성애자임을 알게 되었어도 계속 자녀의 교육을 그 선생님에게 맡긴다면, 그는 그만두게 하는 경우보다 동성애에 대해 좀 더 개방적인 태도 또는 수용적인 태도를 가지고 있다고 볼 수 있다. 경북대 학생들과 국민대 학생들 모두 두 번째 질문에 응답한 사람들이 첫 번째 질문에 응답한 사람들보다 동성애에 대해 상대적으로 수용적인 태도를 보이는 것으로 나타났다. 학생들이 강의실에 자리를 잡고 앉을 때 동성애에 대한 비슷한 태도를 가진 학생들끼리 모여 앉았다고 보기는 어렵다. 강단을 중심으로 앞쪽에 앉는 학생들과 뒤쪽에 앉는 학생들은 수업에 임하는 태도의 차이를 가지고 있을 수 있지만, 왼쪽과 오른쪽의 자리 선택은 어떤 사회적 태도와도 상관관계가 없어 보인다. 설마 진보적인 학생들이 강의실의 왼쪽에, 보수적인 학생들이 오른쪽에 앉았겠는가? 일단 두 개의 다른 질문이 배정된 각 수강반의 두 집단은 무작위로 나뉘었으므로 두 집단 간에 체계적인 특징 차이는 존재하지 않는다고 볼 수 있다.

　그런데 두 번째 질문에 답한 학생들은 왜 첫 번째 질문에 답한 학생들보다 동성애에 대한 수용도가 더 높을까? 주어진 정보의 차이 때문이다. 두 질문의 가장 뚜렷한 차이는 브라이언 오서, 또는 대중의 사랑 또는 존경을 받는 동성애자에 대한 정보가 제공되었는지 여부다.

　이 간이여론조사의 사례를 보면 '국민적인 영웅'인 김연아 선수의 전 코치가 동성애자라는 사실이 동성애에 대한 반감을 누그러뜨린 것으로 해석할 수 있다. 저명한 동성애자의 이름을 언급함으로써 주의를 환기시킨 결과, 순식간에 동성애에 대한 자신의 태도를 바꾸는 사람들이 있을 수 있음을 보여 준다. 다른 말로 하면, 동성애에 대한 자신의 태도가 무엇인지 뚜렷이 모르는 사람들이 있다는 것이다. 또는, 설문 문항을 어떻게 구성하느냐에 따라 동성애에 대한 집단적 태도라는 사회적 실재를 연구자의 의도에 맞게 조작할 수 있는 가능성도 있음을 알 수 있다.[23]

사회조사, 위험한 진실에 다가가는 방법

사회 현상을 정확히 관찰하고 측정한다는 것은 어려운 작업이다. 특히 훈련되지 않은 눈으로는 관찰에 있어서 다양한 오류를 만들어 낼 여지가 많다. 단적으로, 동일한 정치적 현안을 두고 여당과 야당이 '사실'이라고 주장하는 바가 전혀 다르다는 것이 종종 목격된다. 사람들의 일상생활에서도 자신이 가지고 있는 선입견이 사실을 객관적으로 관찰하는 것을 방해하는 경우가 많다. 사회학은 이러한 일상에서의 관찰의 한계를 인식하

---

23 경북대 학생들이 국민대 학생들보다 전반적으로 동성애를 수용하는 태도가 높은 것으로 보이는데, 이는 표본 특성의 차이일 가능성이 가장 크다. 경북대 학생들은 사회학 전공 학생들이 대다수이고, 국민대 학생들은 다양한 전공이 뒤섞여 있기 때문이다. 그 밖에 영남과 수도권이라는 지역의 차이, 2학년(사회조사방법론은 경북대 사회학과 2학년 필수과목임)과 다양한 학년(국민대 교양과목인 여론조사와 사회통계의 이해는 학년에 상관없이 수강)이라는 학년의 차이, 여학생 비율의 차이(경북대 표본이 국민대 표본보다 여학생 비율이 높음) 등이 두 집단의 동성애에 대한 태도의 차이를 강화시키거나 상쇄시켰을지 모른다. 또한 질문 자체에도 문제의 소지가 있는데, 응답의 차이를 극대화시키기 위해 일부러 피아노 교사와 피겨스케이팅 코치로 차별화해서 설문을 고안한 결과다. 정확한 사회학적 관찰은 생각할 수 있는 모든 중요한 변수들의 작용을 고려해야 하고 질문도 더 정교하게 작성해야 하지만, 이 사례는 측정의 어려움을 부각시키기 위한 목적에서 의도적으로 여러 가지 방법론적 원칙을 위반했다는 점을 밝힌다.

고 최대한 정확히 현상과 사실을 관찰하고 측정하기 위해 과학적인 사회조사방법들을 개발하고 정교화해 왔다.

사회조사방법은 크게 양적 조사방법과 질적 조사방법의 두 가지로 나뉜다. 양적 조사방법은 통계학적 방법이라고도 할 수 있으며 수량화가 가능한 자료를 수집하고 분석하는 것이다. 설문조사 및 분석은 대표적인 양적 조사방법이다. 설문조사는 1,000명 이상의 큰 표본도 조사할 수 있다는 이점이 있다. 그러나 설문지에 포함되어 있지 않은 변수들은 조사할 수 없고, 변수들 사이의 복잡하고 구체적인 관계들을 규명하는 데에는 어려움이 많다. 질적 조사방법은 수량화할 수 없는 자료를 수집하고 분석하는 데 적합하다. 특히 자연스러운 상황에서 행위자들의 행동과 태도를 이해할 수 있다는 장점을 가지고 있다. 조사 대상자들과 장시간 동안 함께 생활하면서 그 집단의 특성을 깊이 있게 연구하는 '현장조사'는 대표적인 질적 조사방법이다. 설문지에 구애받지 않고, 응답자와 자연스러운 대화를 하며 그들의 사회적 특징을 이해하는 심층면접도 빈번하게 사용되는 질적 조사방법의 하나다.

「헬프」에서 스키터는 12명의 흑인 가정부들을 면접하고 그 내용을 정리했다. 이론적으로는 수백 명의 가정부에게 설문지를 배포해서 가정부들이 백인 가정에서 겪는 경험을 조사할 수도 있었겠지만, 현실적으로 불가능한 방법이었다. 1960년대 미국의 남부에서 흑인이 백인에 대해 솔직한 이야기를 한다는 것은 목숨까지 잃을 수 있는 위험 부담이 뒤따르는 것이었다. 스키터가 통계적 조사방법에 탁월한 사회학자였다 하더라도 이 주제는 양적 조사방법으로 접근하기에는 무리였다. 어떤 주제들은 질적 조사방법으로밖에 접근할 수 없는 것이다.

사실 스키터 자신에게 이야기를 해 줄 가정부 12명을 찾는 것도 힘에 겨운 일이었다. 마틴 루터 킹 목사를 중심으로 인권운동이 확산되고 있던 시기였고, 남부의 백인들은 기득권을 지키기 위해 예민해져 있었다. 자신의 경험, 특히 백인 고용주에 대한 서운함과 분노까지 섞여 있을 수밖에 없는 흑인 가정부로서의 경험을 위험을 무릅쓰고 백인 여자에게 털어놓을 사람은 없었다. 스키터는 천신만고 끝에 자신이 자주 가는 친구의 집 가정부 아이빌린을 설득할 수 있었고, 아이빌린이 친구 미니를 설득하고, 이들이 다른 지인들을 끌어들여 간신히 뉴욕의 편집자가 요구한 최소 면접자 수 12명을 채울 수 있었다. 접근하기 어려운 집단을 조사하기 위해 온갖 노력을 다해 한 사람의 협력자를 확보하고 이 사람을 통해 집단의 다른 사람을 소개받으며 표본의 크기를 부풀려 가는 응답자 모집 방법을 '부풀리기법' 또는 '눈덩이 표집법'이라고 한다.

가정부들의 이야기를 들으며 동시에 내용을 기록하고, 집에 돌아오자마자 면접노트를 바탕으로 타자를 쳐서 내용을 정리하는 것도 사회학적 현장조사가 요구하는 전형적인 방법이다. 스키터가 인지하고 있었는지는 모르겠으나, 그는 응답자 모집, 면접, 기록, 정리 등 각 단계에서 사회학적인 조사방법을 적용하고 있다. 조사 내용 또한 사회학적이다. 가정부들의 경험을 직접 들음으로써 흑인 가정부가 살아가는 미국 남부 사회의 모습을 재구성하고 있다. 백인의 눈으로만 보아 왔던 사회를 흑인의 관점에서도 바라봄으로써 비로소 사회의 모습을 총체적으로 이해할 수 있게 되는 것이다.

물론 전문 사회학자에 의한 사회학적 연구라면 표집 방법을 비롯한 조사방법을 미리 계획했을 것이고, 관련 문헌과 이론도 사전에 연구를 해서 구체적인 가설을 가지고 흑인 가정부들의 경험이라는 주제에 접근을 했을 것이다. 스키터의 작업에서는 이런 과학적 절차와 엄밀함은 보이지 않는다. 그럼에도 불구하고 그녀의 관점과 접근 방법은 충분히 사회학적이며, 그녀와 친구들이 완성한 책은 더 심층적인 사회학적 연구를 위한 양질의 일차 자료 역할을 하게 될 것이다. 스키터는 "이건 사회학"이라고 선언할 자격이 충분히 있다.

언어가 선사하는 사회학적 탐험

『헬프』를 통해 생각해 볼 수 있는 또 하나의 사회학적 주제는 '언어'다. 더 구체적으로는 번역과 관련된 이슈다. 이 절의 초반에 인용했던 미니와 스키터의 대화를 다시 살펴보면, 스키터의 말에 미니가 이렇게 대답한다. "그렇다고 지루하게 들려야 한다는 법은 없잖아요." 흠잡을 데 없는 완벽한 표준어 문장이다. 이 소설을 모르는 누군가에게 이 문장을 보여 주면 그는 이 말을 한 사람이 백인인지 흑인인지 구별하지 못할 것이다. 그런데 원본의 대사에서 느껴지는 분위기는 전혀 다르다. "But that don't mean it have to sound boring." 영어에 익숙한 사람이라면 누가 보더라도 흑인의 말이다. 미국 중산층 백인이 쓰는 표현으로 옮기면 "But that doesn't mean it has to sound boring."이 된다. 우리가 학교에서 배우는 영어 문법이 흑인 방언에는 적용되지 않는다. 이 소설의 영어 원본에서 모든 흑인 등장인물들은 흑인 방언으로 말한다. 이는 백인들과 흑인들의 세계가 단절되어 있음을 독자들에게 지속적으로 일깨워 주는 한편, 소설 속 흑인들의 체념과 분노도 훨씬 효과적으로 표현하는 역할을 한다. 그리고 소설의 전체적인 분위기에 입체감과 역동성을 부여하기도 한다. 그런데 우리말로 번역된 텍스트에서는 백인과 흑인이 모두 동일한 언어로, 공식적인 문법에 충실하고 정중하며 점잖은 언어로 대화한다. 무엇인가 중요한 부분이 소실됐다.

원본과 번역본의 괴리를 번역가의 잘못으로 돌릴 수는 없다. 미니의 대사를 원래 문장이 전달하는 어감을 간직하면서 우리나라 말로 번역하는 것이 가능할까? 흑인 방언임을 살리기 위해 우리말 방언으로 번역해보면 어떨까? "근다고 지루혀야 헌다는 벱은 없당게요." 이렇게 하면, 미니가 하는 말이 표준어가 아니고 사투리라는 정황은 전달되지만, 미국 남부의 흑인이 우리나라 남부 방언을 쓴다는 어떤 이질감이 소설에의 몰입을 방해하게 된다. 로버트 할리가 방송에 출연해서 구수한 경상도 사투리로 이야기하면 그가 이야기하는 내용이 아무리 진지하더라도 그의 말투에 자꾸 신경이 쓰이게 되는 것처럼 말이다. 번역 작가는 많은 고민 끝에 번역으로 전달할 수 없는 부분은 희생시키고, 매끄럽게 번역할 수 있는 부분을 중심으로 작품의 줄거리와 문학성을 살리는 선택을 했을 것이다.

외국어 표현을 우리말로 고스란히 옮길 수 없는 것은 언어가 사회적 구성물이기 때문이다. 사회의 구성원들은 자신들의 상호작용을 가장 효과적으로 진행할 수 있도록 어휘와 표현과 문장들을 발전시킨다. 역으로, 언어는 사회 구성원들의 활발한 상호작용을 가능하게 하고 또한 규칙화시킨다. 그래서 언어가 사회를 반영하고, 동시에 사회가 언어를 반영하게 된다. 미국인의 경험과 정서는 영어로 가장 잘 표현되고, 한국인의 경험과 정서는 한국어로 가장 잘 표현된다. 영어로 쓴 미국의 이야기가 우리말로 옮겨질 때 많은 의미가 소실되듯이, 우리말로 쓴 우리의 이야기가 영어로 번역될 때도 잃어버리게 되는 부분이 많다.

'고모'에 해당하는 영어 단어는 무엇일까? 답은 'aunt'다. 이모는?

aunt. 큰어머니는? aunt. 작은어머니는? aunt. 외숙모는? aunt. 부모 세대의 모든 성인 여성 친족은 'aunt'라고 불린다. 남성도 마찬가지다. 우리말에는 삼촌, 큰아버지, 작은아버지, 고모부, 외삼촌, 이모부 등 부모 세대의 남성 친족원을 지칭하는 용어가 세분화되어 있지만, 영어로는 모두 'uncle'이다. 이처럼 한국은 영어권 사회보다 가족과 친족 관계 용어가 훨씬 더 정교하게 세분화되어 있다는 사실은, 한국 사회가 친족 간에 미세하게 차이 나는 관계도 구분해서 불러야 할 필요가 더 많은 사회라는 것을 의미한다. 가족과 친족의 구조와 역할이 미국보다 한국에서 더 중요하다는 점이 우리 민족의 언어에 반영되어 드러난 경우다. 이런 사회는 가족주의적 성향이 강한 사회다.

우리말의 특징인 복잡한 존댓말 체계도 영어로 번역되는 데 한계가 있다. 존댓말과 반말이 뒤섞인 대사들로 가득한 한국 문학 작품을 한국인이 읽으면, 대사만 봐도 누가 손윗사람이고 손아랫사람인지 혹은 동년배인지, 누가 상사이고 부하직원인지, 서로 친밀한 관계인지 서먹서먹한 관계인지 쉽게 파악할 수 있다. 이를 영어로 번역하면, 대사 자체가 명확하게 드러내던 관계가 불분명해진다. 마치 「헬프」를 영어로 읽으면 대사만 봐도 누가 흑인이고 누가 백인인지 알 수 있으나, 한국어 번역서에서는 이 관계를 대사 자체가 아닌 전체 스토리 속에서 찾아야 하는 것과 마찬가지다.

요약하자면, 언어는 사회적 구성물로서 사회구조를 반영한다. 언어 속에 사회구조가 있고, 언어에 의해 사회구조가 유지된다. 번역된 작품을 읽을 때 사람들은 부지불식간에 자신들의 언어적 틀, 이해의 틀로 다른 사회를 이해하려는 경험을 하게 된다. 조금만 생각해 보면 이 자체가 멋진 사회학적 탐험이라는 것을 알게 될 것이다.

사회학은 지루해야 하나요?

다시 스키터와 미니의 대화를 상기해 보자.

"이건 허구가 아니잖아요, 미니. 이건 사회학이라구요.[24] 정확해야 해요."

"그렇다고 지루하게 들려야 한다는 법은 없잖아요."

－『헬프』제2권, p. 198

여기에 우리가 생각해 보고 싶은 이슈가 또 하나 있다. 위의 대화는 책의 제목을 정하기 위해 미니, 아이빌린, 스키터가 만나 이야기하는 상황에서 이뤄진 것이다. 스키터가 제목으로 "유색인 가정 고용인들과 그들을 고용한 남부 가정들"을 제안하자 미니가 반발한다. 그러자 스키터는 이 작업이 사회학적인 것이므로 제목을 정확하게 표현해야 한다고 반박한다. 이에 대한 미니의 재반박은 (인문학의 위기와 같은 맥락에서) 사회학의 위기를 이야기하고 있는 사회학계에 일침을 가하고 있다. 그렇다, 사회학이 지루해야 한다는 법은 없다.

위의 대화에서 "지루하다"는 것은 사회학 자체가 아니라 제목이 그렇다는 것임을 먼저 명확히 할 필요가 있다. 아닌 게 아니라, 사회학 논문들의 제목만 보면 딱딱하고 건조해서 '지루하다'고 느낄 수 있다.

• 정당성 정치의 구조와 동학: 막스베버 정치사회학의 관계론적, 행위

---

24 원문을 직역함.

론적 재구성

- 박정희 정부 시기 선진국 담론의 부상과 발전주의적 국가 정체성의 형성: 대통령 연설문과 조선일보를 중심으로
- 시장개방에 따른 사회적 위험을 해결하기 위한 국가의 복지지출 구성과 경제적 성과: 1980-2007년 OECD 19개국을 중심으로
- 모듈화를 통한 부품업체 관계의 전환: 현대자동차의 사례
- 대한민국 민족 서사시: 종족적 민족주의의 전개와 그 다양한 얼굴
- 북한이탈주민의 월경과 북·중 경계지역: '감각'되는 '장소'와 북한 이탈여성의 '젠더'화된 장소 감각
- 개인화와 '젠더사회': 개인화 시대의 사회 불평등 양상
- 노인들의 가족 돌봄에 대한 기대 변화와 정책 욕구

위는 우리나라에서 가장 권위 있는 사회학 학술지이며 한국사회학회의 공식 학회지인 『한국사회학』 2013년 첫 호에 실린 논문 목록이다. 제목만 보아도 각 논문이 무슨 주제를 다루고 있는지 상당히 구체적으로 알 수 있다. 사회학 연구물의 제목은 '정확'해야 한다는 스키터의 의견에 충실하게 부합하고 있다. 반면 미니는 '지루하다'고 선언할 것이다.

사회학 논문들은 사회학을 전문적으로 연구하는 사회학자들과 사회학도들이 주요 독자층이므로 일반 대중에 어필하기 위해 제목을 재미있게 지을 필요는 없을지 모른다. 흥미를 자극하는 제목보다는 전체 내용을 잘 요약한 제목이 독자들에게 더 도움이 되기 때문이다. 그런데 미국의 사회학 논문 제목들을 보면 '지루함'에서 벗어나려는 시도들이 종종 눈에 띈다. 미국 사회학회의 공식 학회지인 *American Sociological Review*(이하 *ASR*)에 최근에 게재된 논문들 중 이런 제목들이 보인다.

- The Corner and the Crew: The Influence of Geography and Social Networks on Gang Violence (길모퉁이와 대원들: 지리와 사회적 연결망이 조직폭력에 미치는 영향) (*ASR* 2013년 6월호)
- The Shadow of Indebtedness: Bridewealth and Norms Constraining Female Reproductive Autonomy (빚의 그늘: 신부값과 여성의 출산 자율성에 영향을 미치는 규범) (*ASR* 2013년 6월호)
- Only 15 Minutes?: The Social Stratification of Fame in Printed Media (단 15분뿐?: 인쇄매체에서 명성의 사회적 위계화) (*ASR* 2013년 4월호)
- More Is More or More Is Less?: Parental Financial Investments during College (많은 게 좋은가, 아니면 많은 게 나쁜가?: 대학 재학 중 부모의 경제적 투자) (*ASR* 2013년 2월호)
- We Can't Win This on Our Own: Unions, Firms, and Mobilization of External Allies in Labor Disputes (우리 힘만으로는 이길 수 없다: 노동쟁의에 있어서 노동조합, 기업, 그리고 외부 동맹세력의 동원) (*ASR* 2012년 12월호)

쌍점(:)을 중심으로 앞에는 주제목, 뒤에는 보조제목이 오는데, 위의 사례들은 모두 주제목은 수사적 표현을 쓰고 있고, 보조제목은 논문의 내용을 함축적으로 요약하여 제시하고 있다. "길모퉁이와 대원들", "빚의 그늘", "단 15분뿐?", "많은 게 좋은가, 아니면 많은 게 나쁜가?", "우리 힘만으로는 이길 수 없다"와 같은 표현들은 딱딱한 사회학 논문의 제목이 아니고 문학 작품의 제목이라고 해도 믿을 수 있을 만큼 유연하다. 이런 제목을 가진 논문들이 건조한 제목의 논문들보다 더 많은 독자를 끌어들이는지는 정확히 조사를 해 봐야 알 수 있겠지만, 적어도 목차에서 더 빨리 그리고 더 오래 눈길을 사로잡을 것 같기는 하다. 이런 제목들을 미니가 본다면 아마 스키터에게 이렇게 말할 것이다. "See, I told you."

제목뿐만 아니라 사회학적 연구 자체도 재미없어야 한다는 법은 없다. 정확해야 한다는 것이 재미없다는 것과 동의어는 아니다. 이 문제는 아마 사회학을 학생들에게 가르치는 교수들 대다수의 고민이기도 하다. 사회학은 어렵고 딱딱하고 재미없다는 선입관이 사회학에 접근하는 것을 가로막고 있다. 물론 어떤 학문이든지 깊이 있게 공부하고 연구하는 일은 재미있는 과정이라고 할 수 없다. 고진감래라고 했던가. 학문의 즐거움은, 지루하고 어렵고 불확실하고 기나긴 여정의 끝에 어렴풋이 비치는 한줄기 빛을 보게 되었을 때 느끼는 가슴 벅참에 비교될 만하다. 공부하는 순간, 연구하는 순간, 책을 읽는 매 순간이 기쁨과 환희로 가득하다는 말을 누군가가 한다면, 그 사람은 천재이거나 거짓말쟁이이거나 둘 중 하나라고 자신한다. 학문은 어렵다. 재미없다. 특히 사회학은, 피터 버거가 사회학자에 대한 농담조차도 많지 않다고 자조적으로 진단한 이래, 특히 재미없고 지루한 학문이라는 라벨을 떼어 내지 못하고 있다.

학문이 재미있기를 기대하는 것이 무리이기는 하나, 그렇다고 학문을 재미있게 소개하는 방법이 없지는 않을 것이다. "말을 물가로 데려갈 수는 있지만 물을 마시게 할 수는 없다"는 속담이 있다. 물을 마시게 하는 것이 궁극적인 목표라면 일단 말을 물가로 데려가는 것이 일차적으로 중요한 일이다. 사회학은 더 어려운 과제를 안고 있다. 사람들을 사회학의 샘으로 이끄는 것이다. 말과 달리 사람들을 강제로 물가로 데려갈 수 없다. 그들을 유인해야 한다. 관객이나 시청자 또는 독자들을 각각 고고인류학, 물리학, 철학의 물가로 이끌어 주는 「인디아나 존스」의 인디아나 존스, 「빅뱅이론」의 레너드와 쉘던, 「영국 남자의 문제」의 핑클러와 같은 저명한 허구의 대변인이 사회학에는 없다. 그러나 매스미디어의 힘에 의존하지 않더라도 재미있는 입문서나 재미있는 연구 사례들을 통해 스스로 사회학의 독자들을 확보할 수 있는 방법들이 있다.

재미있는 사회학 입문서가 없는 것은 아니다. 피터 버거의 『사회학에의 초대』가 대표적인 재미있는 입문서다. 이 책을 사회학 명저 30선 중 하나로 꼽은 사회학자 타케우치 요우는 '이렇게 재미있는 입문서는 처음 본다'는 친구의 권유로 읽어 본 후 "유머와 재치를 담아 그 뜻을 전달하는 [……] 그야말로 베테랑 사회학자가 신명나게 쓴 입문서"라고 평하였다.[25] 그런데 실제로 우리가 대학에서 사회학 개론 수강생들에게 이 책의 우리말 번역본을 권하니, 많은 학생들이 읽고 나서 지루하다거나 어렵다고들 했다.

왜 이렇게 상반된 평이 나올까?

첫 번째로 생각해 볼 수 있는 이유는 사회학자들과 일반 독자들의 눈높이의 차이다. 이 책이 재미있다며 소개하는 사람들은 사회학자들이고, 지루하다고 대답하는 사람들은 사회학을 처음 접하는 학생들이나 일반 대중이다. 결국 이 책을 즐기기 위해서는 어느 정도는 사회학의 배경이 필요하다는 것일까? 사회학 입문서가 사회학 공동체에서만 재미있게 읽힌다면 그것은 입문서라고 불릴 수 없다. 사회학도나 사회학자가 아닌 대중이 재미있게 읽을 수 있는 사회학 입문서가 많이 나왔으면 좋겠다.

두 번째 이유는 다시 번역의 문제다. 다케우치 요우가 읽고 찬사를 보

---

25 다케우치 요우(2010), 『세계 명저 사회학 30선』, 최선임 역, 지식여행, p. 18.

낸 『사회학에의 초대』는 일본어 번역본이 아니라 영어 원본이었다. 소설도 그렇지만 사회학 서적들도 번역본보다 원본이 더 명확하고 쉽게 이해되는 경우가 많다. 다른 언어로 번역되는 과정에서 원본의 '유머와 재치'가 사라지기 쉽다. 아무리 정확하게 해도 번역에는 한계가 있다. 원어가 가지고 있는 리듬과 뉘앙스를 고스란히 살려 번역하기란 불가능에 가깝기 때문이다.

한국 학자가 저술한 우리말로 된 재미있는 입문서들이 필요하다. 이는 사회학 공동체가 함께 노력해야 할 프로젝트다. 한국의 사회학자들이 대중의 눈높이에 맞춰 쓴 재미있는 사회학 관련 책들이 더 많이 출간되어, 사회학의 즐거움을 나눌 수 있는 사람들이 많아지기를 기대해 본다.

제7장

사회조사, 120% 이해하는 법

「달의 궁전」과 「잠겨 있는 방」

폴 오스터(Paul Auster)의 소설들은 재미있지만, 동시에 불편하다. 그의 소설의 주인공들은 질서의 세계보다는 무질서의 세계에 속해 있다. (문학 작품이 속성상 현실세계로부터 자유롭게 상징을 생산하고 재배열하여 현실과 유리된 별개의 세계를 창조해 내는 것이라는 것을 인정하더라도) 오스터 소설의 주인공들은 종종 사회적 통념으로는 이해하기 어려운 극한 상황으로 자신들

『달의 궁전』(열린책들, 2000)

을 내몬다. 등장인물들의 관계와 사건들은 '우연'의 결과들이고, 무책임, 나태, 죽음, 근친상간, 자포자기, 자기학대 등의 소재가 분위기를 무겁게 가라앉힌다. 논리적인 접근으로는 주인공과 스토리를 이해할 수 없다. 논리와 분석으로 이야기를 진행시키는 미야베 미유키(를 비롯한 추리소설이라는 장르 전반)와는 전혀 다른 스타일이다. 행동의 구조화된 측면을 연구하는 학문인 사회학이 끼어들 여지가 없는 것 같다. 그래도 그의 작품 속에 일관된 질서는 있다. 대부분의 작품에서 주인공은 컬럼비아 대학교를 다니거나 졸업했고, 소설과 시와 영화와 음악과 미술에 깊은 관심을 가지고 있고, 야구를 좋아하고, 유태인 지성인이고, 잘생겼고,

선원 생활을 한 적이 있고, 파리에 산 적이 있으며, 프랑스어 번역을 아르바이트로 했거나 하고 있고, 뉴욕에 살고 있고, 몹시도 가난하다. 그의 자전적 에세이인 「빨간 공책」과 「겨울일기」를 읽어 보면, 주인공들의 모습이 바로 오스터의 모습이고, 작품의 주인공들에 오스터 자신이 투사되어 있음을 쉽게 알 수 있다. 그런데 그의 작품에 사회학이 등장한다.

그의 초기 작품 중 하나로 1989년에 출간된 「달의 궁전」[26]의 주인공 마르코 스탠리 포그(Marco Stanley Fogg)는 오스터 소설의 전형적인 주인공 프로필을 가지고 있는 인물이다. 명문 컬럼비아 대학교를 졸업했다면 야망을 가지고 사회에 첫발을 내디딜 듯한데, 웬일인지 그는 이 세상에 남아 있던 단 한 사람의 혈육인 외삼촌이 갑자기 사망해 버리자 외삼촌이 남긴 얼마 안 되는 유산에만 의존해 살면서 마지막 한 푼이 바닥날 때까지 철저하게 자신을 파멸시켜 간다. 직장을 찾으려는 의지도, 아르바이트를 구하려는 시도도 하지 않는다(베트남의 전장으로 끌려갈지도 모를 군대 문제가 기다리고 있어서 삶의 희망을 잃었는지 모르지만). 돈이 거의 떨어지자 하루에 달걀 두 개로 연명을 하는데, 삶으려던 달걀 두 개가 바닥에 떨어져 깨져 버린 상황을 자세히 묘사한 부분은 주인공이 얼마나 비참한 상태였는지를 생생하게 전달해 준다.

더군다나 그 두 개의 달걀은 마지막 남은 것이어서 나는 그것이 가장
잔인한, 내게 일어났던 그 어떤 일보다도 더 끔찍한 사고라고 느끼

---

26 책의 제목인 "달의 궁전"은 작품에 나오는 중국음식점 이름이다. 주인공의 방에서 보이는 중국식당의 간판이 "Moon Palace"인 것이다. 그런데 중국식당 이름이 "달의 궁전"이라면 우리에겐 뭔가 어색하게 느껴진다. "달의 궁전"이라는 제목을 볼 때마다 '월궁각' 정도로 바꾸고 싶어진다.

지 않을 수 없었다. 달걀은 떨어지자마자 그대로 박살이 났다. 나는 그것들이 마룻바닥 위로 번지는 동안 겁에 질려서 서 있던 내 모습을 지금까지도 기억하고 있다. 샛노랗고 반투명한 달걀의 내용물이 마루 틈으로 스며들면서 순식간에 질퍽한 점액과 깨진 껍질이 사방으로 번졌다. 노른자 한 개는 기적적으로 떨어져 내린 충격을 견뎌 냈지만 내가 몸을 굽혀 그것을 떠 올리려고 하자 스푼에서 미끄러져 깨지고 말았다. 나는 마치 별이 폭발한 것 같은, 거대한 태양이 막 사라져 버린 것 같은 느낌이 들었다. 노른자가 흰자위로 번지더니 다음에는 거대한 성운, 성간 가스의 잔해로 바뀌면서 소용돌이치기 시작했다. 내게는 그 노른자가 너무 엄청난 것, 가치를 헤아릴 수 없는 마지막 지푸라기였기에 그 일이 일어나자 나는 그만 털썩 주저앉아 엉엉 울고 말았다.

- 『달의 궁전』, pp. 66~67

계란 두 개가 그에게 가져다준 충격은 마치 우주의 종말과 같았다.

이 충격으로부터 헤어나지 못하고 포그는 중국음식점 '달의 궁전'에서 사치스러운 마지막 식사를 함으로써 남은 돈을 모두 써 버린다. 그리고 월세가 밀린 아파트를 나와 센트럴파크에서 노숙자 생활을 시작한다. 공원에서 생활하는 동안 그는 쓰레기통을 뒤져 끼니를 때우곤 한다. 여기에서 사회학이 등장한다.

한번은 내가 쓰레기통을 뒤지고 있는데 경찰이 다가오더니 뭘 하고 있느냐고 물었다. 나는 완전히 방심을 하고 있던 참이어서 잠시 말을 더듬었지만 곧이어 불쑥 학생이라는 말을 꺼냈다.

"나는 대도시와 관련된 연구 논문을 쓰고 있습니다."

내가 둘러댔다.

"그래서 여름 내내 도시 쓰레기통들의 내용물에 관한 통계적, 사회학적 조사를 해 왔지요."

내 말을 뒷받침하기 위해서 나는 호주머니로 손을 집어넣어 컬럼비아 대학교 학생증을 꺼냈다. 그가 학생증이 6월에 기한만료된 것임을 알아차리지 못하기를 바라면서.

- 『달의 궁전』, p. 90

조직사회학의 설명 모델 중에 조직의 의사결정은 여러 요인들이 쓰레기통에서처럼 뒤죽박죽 섞이다가 우연히 이루어진다는 '쓰레기통 모형(Garbage Can Model)'이 있기는 하지만, 이것은 쓰레기통을 직접 조사하는 것과는 거리가 멀다. 주인공은 쓰레기통을 조사하는 것이 사회학적 조사라고 경찰에게 변명한다. 도시의 쓰레기통 내용물을 조사하는 것이 사회학과 무슨 관계가 있을까? 쓰레기통을 조사하는 것도 사회학의 연구 방법에 속하는가? 답은, 사회학적 연구를 위해 쓰레기통을 조사할 수도 있다.

쓰레기통에 대한 사회학적 조사

사회조사방법에 관한 한 책에서 다음과 같은 사례를 설명하고 있다.[27]

---

27 강홍수(2009), 『여론조사, 과학인가 예술인가?』, 리북, p. 159.

예를 들면, 미국 사람들의 음식 소비 양식을 연구할 때 조사원들이 낮에 여러 가정을 방문해 무엇을 먹고 마시는지 물어 응답을 받고, 그 응답을 검증하고자 밤에 방문한 집 앞에 놓인 쓰레기통을 살펴보았다. [……] 대부분의 응답자들이 건강에 좋은 음식을 소비하고 술은 별로 안 마신다고 답하였지만, 조사원들은 쓰레기통에서 일회용 패스트푸드 포장박스와 술병을 많이 발견하였다. 사람들은 음식 소비와 같은 개인적인 질문에 항상 정직하게 응답하지는 않는다.

사회를 연구하기 위해 사회학자들은 사회를 관찰해서 자료를 수집한다는 것과, 이러한 사회조사방법은 크게 질적 조사방법과 양적 조사방법으로 나눌 수 있다는 것을 앞에서 간단히 설명한 바 있다. 양적 조사방법은 다수의 사람들을 조사하여 행동의 규칙성을 발견하는 데 유용하다. 이때 가장 많이 사용되는 조사방법이 설문조사. 현장조사나 (「헬프」에서 스키터가 수행했던) 심층면접과 같은 질적 조사방법과 달리 설문조사는 많은 사람들에게 동일한 질문을 함으로써 연구자가 관심을 가지고 있는 변수의 전반적인 분포를 알아낼 수 있는 방법이다.

만약 대학생들의 용돈 사용 실태를 알고 싶다면, 소수의 학생들, 예컨대 5명을 밀착 관찰하는 방법과 2,000명의 표본에 대해 설문조사하는 방법을 생각해 볼 수 있다. 전자가 질적 조사, 후자가 양적 조사다. 질적 조사의 경우, 대학생들이 어떻게 용돈을 사용하는지에 대해 구체적인 아이디어를 얻을 수 있다는 장점이 있지만, 불과 5명의 경험을 분석한 결과를 전체 대학생들에게 일반화시키기는 어렵다. 반면 잘 추출된 2,000명 표본을 분석하는 양적 조사는, 질적 조사처럼 다양한 행동의 측면들을 깊이 있게 조사할 수는 없지만, 분석 결과를 가지고 전체 대학생의 용돈 평균, 주요 사용처 등을 어느 정도는 추정할 수 있을 것이다. 사회적 행동과 현상의 규칙성에 주목하는 사회학에 있어서 설문조사는 사회학자들이 가장 선호하는 사회조사방법이라고 해도 지나치지 않다. 그런데 위의 쓰레기통 조사 사례는 설문조사에서 빈번하게 만나게 되는 오류의 한 유형을 드러내 준다.

설문조사에서 응답자들이 질문에 답할 때 사실을 말하고 있는지 확인하기는 쉽지 않다. 때로는 무의식적으로, 때로는 의식적으로 응답자들은 거짓말을 하는 경우가 있다. 기억을 되살려서 대답해야 하는 질문에는 부정확한 기억 때문에, 자신이 모르는 내용에 대한 질문에는 무지를 감추기 위해서, 또는 단순히 귀찮아서 사실과 다른 대답을 하기도 한다. 음식 소비 양식을 조사한 앞의 사례에서 패스트푸드나 술을 소비하지 않는다고 대답한 응답자들 중에는 이런 음식을 소비하고서도 사실과 다르게 거짓말을 한 경우들이 있다. 그들은 패스트푸드와 술이 건강에 좋지 않아 이를 먹지 않는 것이 좋다는 사회적 규범에 부합하는 방향으로 거짓 대답을 한 것이다. 혼전 성경험, 청소년의 흡연 경험 등 이 사례보다 더 민감한 내용에 대한 설문조사에서는 더 높은 빈도로 거짓 대답이 나올 것이다. 앞의 사례에서는 일부의 응답이 거짓 대답이라는 것이 쓰레기통을 조사함으로써 밝혀졌다. 이때 쓰레기통 조사는 설문조사를 보완하여 조사의 정확도를 높이기 위해 사용된 것이다. 또는 설문조사 자체의 신뢰도를 점검하기 위한 도구로 활용되었다고도 볼 수 있다. 사회학은 사회를 정확히 관찰하기 위해서 쓰레기통도 뒤질 준비가 되어 있는 것이다.

모집단 조사의 아이러니

설문조사는 대부분 표본조사다. 대학생의 한 달 평균 용돈이 얼마인지 알고 싶다면, 전국의 대학에 재학 중인 학생 전부를 조사하는 것이 가장 정확한 통계를 도출할 것이다. 이때 전국의 모든 대학생이 '모집단'이고 모집단 전체를 조사하는 것을 '전수조사'라고 한다. 그런데 300만 명이 넘는 대학생 모두를 조사하는 것은 현실적으로 어렵다. 따라서 우리는 모집단을 잘 대표할 수 있는 예컨대 1,000명 크기의 표본을 추출해서, 표본의 통계 값으로부터 모집단의 특징, 즉 '모수'를 추정한다. 이를 '표본조사'라고 한다. 문제는 표본을 아무리 잘 추출해도 그 표본이 모집단을 100퍼센트 정확하게 반영한다고 기대할 수 없다는 점이다. 정확한 진실은 모집단만 알고 있다. 즉, 모집단에 대한 전수조사만이 가장 정확한 조사다. 적어도 이론적으로는 그렇다는 이야기다.

현실적으로는 모집단 전수조사도 정확하지 않다. 모집단의 규모가 작다면 정확한 전수조사가 가능하지만, 전 국민이 모집단이라면 전수조사 자체가 불가능하다. 설령 전수조사를 하더라도 오류가 발생하게 된다. 전 국민을 대상으로 하는 전수조사가 있기는 있다. '인구주택총조사', 즉 센서스가 그것이다. 대한민국 영토 안에 살고 있는 모든 사람을 집계하므로 전수조사이고, 표본이 아닌 모집단 조사이므로 이론적으로 가장 정확한 조사다. 그러나 인구총조사에도 오류의 여지가 있다.

폴 오스터의 소설 「잠겨 있는 방」은 인구총조사가 정확하지 않을 수 있음을 보여 준다. 이 소설의 주인공인 일인칭 화자는 「달의 궁전」에서와 마찬가지로 컬럼비아 대학교를 졸업하고 뉴욕에 살고 있는 가난한 백인 소설가다. 소설에서 서른 살인 주인공은 "돈이 거의 다 떨어진 데다 여름

을 보낼 일이 막막했던" 8년 전 여름에 인구총조
사의 조사원 일을 했던 경험을 떠올린다.

인구총조사는 설문지를 각 가구에 우편으로
배포하면 각 가구에서 이를 작성하여 우편으로
반송하는 형식으로 이루어졌는데, 설문지에 응
답하지 않은 가구들은 이후에 조사원들이 직접
방문하여 조사하게 되어 있었다. 주인공은 미응
답 가구들을 방문하여 조사하는 조사원이었다.

『뉴욕 3부작』(열린책들, 2003)

그의 담당구역은 맨하탄의 할렘 지역이었다. 소설에서의 인구조사 연도
인 1970년에 뉴욕시 전체 인구에서 흑인이 차지하는 비율이 18.5%였던
반면, 할렘은 흑인 비율이 95.4%로 압도적인 흑인 밀집 지역이었다.[28]
주인공은 하루 종일 담당구역을 돌아다녀도 제대로 조사를 할 수가 없
었다.

> 그러나 대부분의 경우는 집에 사람이 아무도 없었다. 또 설령 누가
> 있다 해도 나와 이야기를 하거나 나를 집 안에 들여놓으려고 하지 않
> 았다. [……] 나는 이른 아침부터 담당구역을 돌기 시작했고, 어설프
> 게 이집저집 돌아다니는 동안 점점 더 달나라에 온 사람 같은 기분을
> 느끼기 일쑤였다.
>
> – 『뉴욕 3부작』, p. 381

할렘의 주민들이 조사원인 주인공과 이야기를 하거나 그를 집 안에 들

---

28 Gotham Gazette. http://www.gothamgazette.com/graphics/2008/08/HarlemDemoChart.
jpg, 2013. 10. 5. 검색.

여놓으려 하지 않았던 중요한 이유는 그가 백인이었기 때문이다.

어느 아파트에서는 부모가 노예였다는, 눈이 반쯤 먼 여인과 얘기를
했는데, 면담이 시작된 지 20분쯤 지나자 그녀는 내가 흑인이 아니라
는 것을 알고 킬킬대며 웃어 대기 시작했다. 그녀의 말로는 내 목소
리가 별나서 내내 긴가민가하고 있었지만 믿어지지가 않았다는 것이
었다. 그도 그럴 것이 나는 그녀의 집에 발을 들여놓은 최초의 백인
이었으니까.

- 『뉴욕 3부작』, p. 380

이 응답자가 '눈이 반쯤 먼 여인'이 아니었다면 주인공은 아마 그녀의
집에 들어가지도 못했을 것이다. 주인공이 담당구역에서 "달나라에 온
사람 같은 기분"을 느낀 것도 무리가 아니다.

조사에 진전이 없자 주인공은 조사원을 관리하는 책임자인 감독과 이
문제에 대해 상담한다. 감독의 답변은 주인공에게는 희망을, 인구조사
자체에는 절망을 안겨 주었다.

"정부에서 원하는 건 작성된 양식일세. 그런 양식이 많으면 많을수록
더 좋아하지. 자넨 머릿속에 든 게 많은 친구일 테니까 2 곱하기 2를
5라고 하진 않을 테고. 자네가 노크를 해도 문이 열리지 않는다고 해
서 안에 아무도 없다는 얘기는 아니야. 상상력을 발휘해 보라고, 친
구. 아무튼 우리가 정부를 불쾌하게 만들려고 일을 하는 건 아니잖은
가, 안 그래?"

- 『뉴욕 3부작』, p. 381

완성된 설문지의 매수에 따라 수수료를 받는 감독은 주인공에게 과정이야 어떻든 결과가 나오는 것이 중요하다고 넌지시 암시한다.

감독의 조언을 들은 주인공은 그다음 날부터 수월하게 조사를 할 수 있게 된다. 더 이상 자신이 담당한 구역에 나가서 가가호호를 방문하지 않아도 되었다. 그는 그저 자기 집의 책상에 앉아서 조사가 완료되지 않은 가구에 사는 주민들을 허위로 만들어 내기 시작한 것이다. 특히 그가 허구의 가구원들을 만들어 낼 때는 자녀가 여섯 이상인 대가족들을 창조했다.

그것은 어린애 같은 짓이었지만 나는 조금도 양심의 가책을 받지 않았다. 또 그 일을 정당화할 구실을 찾기가 어려운 것도 아니었다. 감독도 반대하지 않을 것이고, 양식에 적힌 주소지에 살고 있는 사람들도 반대하지 않을 것이고(그들은 성가신 것을, 특히 백인 청년이 자기들의 사적인 일에 기웃거리는 것을 원치 않았다), 정부도 반대하지 않을 터였다. [……] 심지어 나는 내가 대가족을 선호하는 근거로 정치적 이유를 끌어대기까지 했다. 가난한 주민이 많으면 많을수록 정부는 그들에게 돈을 써야 할 의무감을 그만큼 더 느낄 것이라고.

– 『뉴욕 3부작』, p. 383

소설이니까 어떤 일이든 일어날 수 있다. 현실에서는 인구총조사의 조사원들은 성실하게 조사를 할 것이고 감독들은 전문성과 책임감을 가지고 조사원들의 조사를 관리할 것이다. 그러리라고 믿는다.

디트로이트시의 인구조사 소송

그런데 인구조사의 정확성에 의문을 던지는 실제 사례가 있다. 그것도 한 정부기관이 다른 정부기관에 조사가 잘못되었다고 비판하고, 심지어 소송을 걸기까지 했다. 미국의 디트로이트시의 경우가 그 사례다. 디트로이트시는 인구조사 때마다 자기 시의 인구가 과소 집계되었다고 주장해 왔다. 1980년 조사에서는 인구 집계 방법이 잘못되었다고 디트로이트시가 미국 인구조사국을 상대로 연방법정에 고소를 했다. 1990년 조사에서는 인구가 97만 명으로 공식 집계되었으나 시가 이에 강력하게 반발하고 자원봉사자들이 집계에서 누락된 주민들을 찾아내어 결국 공식집계도 103만 명으로 수정하게 된다.

그러나 2000년 센서스에서는 95만 명으로 집계되어, 인구 100만 명 이상이었던 도시가 100만 명 밑으로 인구 감소를 겪은 미국 최초의 도시가 되는 불명예를 안았다. 2010년 조사에서는 더욱 감소하여 71만 명을 기록했고, 디트로이트시는 또 다시 인구가 과소 집계되었다며 인구조사국에 공식적으로 이의를 제기했다. 디트로이트시뿐만이 아니다. 1990년 조사에 대해 공식 이의를 제기한 행정구역은 전체의 17%인 무려 6,600곳이었다. 2000년 조사에서는 10년 전에 비해 크게 줄기는 하였으나 여전히 1,200여 개라는 많은 수의 행정구역이 이의를 제기했다.[29]

디트로이트시를 비롯한 많은 미국의 도시들이 인구총조사의 결과를 받아들이지 못하는 것은 조사방법을 신뢰하지 못한다는 방증이다. 1990

---

29 HOPE YEN, "Dozens of U.s. Cities Line Up to Contest 2010 Census", 〈CNSNews〉, http://www.cnsnews.com/news/article/dozens-us-cities-line-contest-2010-census, 2011. 6. 29.

년에 인구조사국이 집계에서 누락된 인구가 미국 전체에서 450만 명에 달한다는 것을 인정하고 조사결과를 수정했다는 사실은 조사에 방법론적 문제가 있었다는 것을 미국 연방정부가 고백한 것과 다름없다. 디트로이트시는 흑인과 히스패닉의 인구 중 다수가 조사에서 누락되어서 시 전체의 인구가 과소 집계되었다고 주장한다.

인구조사는 개인 조사가 아니고 가구 조사이기 때문에 집에 가구원들을 잘 알고 있는 누군가가 한 사람만 있어도 그 집에 사는 가구원들에 대한 조사가 정확하게 이루어질 수 있다. 전업주부의 비율이 상대적으로 높은 백인 중산층 가정에 비해 소수인종의 가구는 조사원이 방문할 수 있는 시간에 집에 성인이 없는 경우가 더 많다. 이보다 더 큰 이유는 소수인종은 인구조사 자체를 의문시하는 경향이 백인보다 더 강하다는 점이다. 특히 인구조사가 불법이민자를 가려내서 추방하는 데 쓰이지 않을까 우려한다. 따라서 소수인종은 과소 집계되어 결과적으로 인구조사의 정확도에 부정적인 영향을 끼치게 된다.

디트로이트시의 인구 추이

연도	인구(명)
1950	1,849,568
1960	1,670,144
1970	1,514,063
1980	1,203,368
1990	1,027,904
2000	951,270
2010	713,777

자료 출처: "Detroit's Population Crashes"(March 23, 2011), *The Wall Street Journal*.

미국의 지방자치단체들이 연방 인구조사국에 이의 신청을 할 때 인구가 과잉 집계되었다고 항의하는 법은 없다. 공식 통계에 반발하는 이유는 언제나 인구의 과소 집계다. 인구가 실제보다 많은 것은 문제가 되지 않으나 적게 계산될 때는 문제가 되는 이유는 무엇일까? 다시 디트로이트시의 예를 들어 보겠다. 미국의 대도시들의 다수는 교외의 쾌적한 환경을 찾아 이주하는 중산층의 도시탈출 현상으로 인구 감소와 도심 공동화를 겪고 있는데, 디트로이트시는 감소폭이 다른 도시들보다 특히 크다. 디트로이트시의 상징인 자동차산업의 부진이 큰 이유다. 한때 전국 도시 중 인구 규모 4위를 자랑했던 대도시가 급격한 인구 감소를 겪는다는 것은 디트로이트시의 이미지에 좋을 리가 없다. 사회경제적 조건을 비롯한 주거환경이 좋다면 인구가 줄어들 이유가 없기 때문이다.

특히 1990년 센서스에서 공식 집계가 100만 명을 하회하자 디트로이트시는 누락된 주민들을 필사적으로 찾아내어 가까스로 100만 명을 넘긴 인구를 다시 보고하여 공식 인구로 인정받는다. 인구 100만 명의 대도시라는 상징성도 중요했지만 연방정부가 지방자치체에 지급하는 보조금이 100만 명을 기준으로 큰 차이가 나게 되므로 디트로이트시는 100만 명 인구를 유지하기 위해 필사적이었다. 또한 인구가 줄어들면 주 의회나 연방 의회에서 자기 도시를 대표하는 의원의 수도 줄어들게 되어 다른 지역들과의 경쟁에서 자기 도시의 이해관계를 관철시킬 수 있는 정치적 영향력도 줄어들게 된다. 이런 이유로 각 지역은 도시 경계 내의 주민이 인구 집계에서 누락되는 것을 방지하고자 최선을 다한다.

1990년에 가까스로 인구 100만 명을 유지했던 디트로이트시는 2000년 조사를 앞두고 시장이 4년 전부터 인구조사를 대비한 준비를 시작했다. 인구조사 기간이 다가오자 시는 인구조사 참여를 독려하는 13,000개의 표지판과 10,000개의 자동차 범퍼 스티커를 배부했다. 미디어와 대형 광고판을 통해 인구조사를 적극적으로 홍보한 것은 물론이다. 조사원들을 도와줄 7,000여 명의 자원봉사자들을 모집했고, 시에 등록되어 있지 않은 17,000개 무주소 가구들에 주소를 부여해 새로운 인구 베이스를 발굴했다. 디트로이트시의 맥도널드 식당들은 10,000여 명으로 추산되는 노숙자들이 인구조사에 응하면 무료 식사를 제공함으로써 단 한 명이라도 더 집계되도록 하는 노력에 동참했다.[30] 이런 노력들에도 불구하고 2000년 조사에서 디트로이트시의 인구는 95만 명으로 기록되어, 디트로이트시는 100만 명 이상의 대도시 반열에서 탈락하게 된다. 이후로 흑인 중산층 주민들의 교외지역으로의 이주가 가속화되어, 2010년 인구조사에서는 71만 명이 도시의 경계 안에 거주하고 있는 것으로 집계되었다. 인구 규모 4위였던 대도시가 18위까지 추락하게 된 것이다.

「잠겨 있는 방」의 주인공이 뉴욕 할렘에서 겪었던 것과 같은 이유로 디트로이트시를 비롯한 미국의 많은 도시에서 실제로 정확한 인구 전수조사를 할 수 없었다. 여기에 통계를 조작하는 조사원까지 가세한다면 통계의 질은 더 떨어질 것이다. 그럼에도 불구하고 인구가 감소하고 있는 도시들은 「잠겨 있는 방」의 주인공[31] 같은 조사원들을 내심 묵인할지도 모른다. 사실 조사원의 태만은 사회조사 현장에서 빈번하게 발생하는 문제다.

전수조사에 비해 규모가 훨씬 작은 표본조사는 조사원의 수도 매우 적어서 조사원에 대한 관리가 상대적으로 용이하다. 또한 응답자들에게 소

---

30 "All-Out Fight in Detroit to Keep Census Above a Million,"(May 2, 2000), *The New York Times.*

31 「잠겨 있는 방」에는 주인공인 화자의 이름이 명시되어 있지 않다. 그래서 부득이하게 "「잠겨 있는 방」의 주인공"이라고 표현한다.

정의 선물을 증정하는 등의 방법을 활용하여 조사에 참여하도록 설득하기도 더 쉽다. 따라서 조사의 주제나 성격에 따라서 전수조사보다 더 정확한 통계 결과를 도출할 수도 있다. 이 외에도 사회조사와 관련해서 다양한 문제점이 있으나 사회학은 그 문제점들을 개선하기 위해 부단히 노력하고 있다. 조사의 문제점들이 개선됨에 따라 사회통계의 질도 높아지고, 양질의 사회통계는 보다 정확한 사회적 실재의 모습을 보여 줄 것이다.

뉴욕 사람들의 필연적인 무관심

이 장의 주제인 '사회조사'와는 큰 관련이 없지만, 오스터의 『달의 궁전』에는 재미있는 사회학적 통찰이 엿보이는 부분이 있다.

뉴욕 사람들이 길거리를 걸을 때면 그들의 눈에는 특별한 번득임, 다른 사람들에 대한 자연스럽고 어쩌면 필연적인 무관심이 떠오른다. 예를 들자면, 우리가 어떻게 보이느냐는 문제가 되지 않는다. 터무니없는 의상, 기괴한 머리 모양, 음란한 문구가 박힌 티셔츠 ─ 그런 것에는 아무도 관심을 보이지 않는다. 그러나 다른 한편으로 겉모습 밑에서 우리가 행동하는 방식은 지극히 중요해서 이상한 몸짓은 무엇이건 당장 위협으로 간주된다. 소리를 내어 혼잣말을 중얼거리거나 몸의 어느 부분을 긁거나 낯선 사람의 눈을 똑바로 쳐다보거나 하는 규칙 위반은 주위에 있는 사람들로부터 적대적이고 때로는 난폭한 반응을 불러일으킬 수도 있다.

─ 『달의 궁전』, p. 85

도시에서의 삶은 훈련된 무관심을 요구한다. 길거리에서 스쳐 지나가는 사람들은 일일이 서로에게 관심을 표시하지 않는다. 누군가 자신을 힐끗 쳐다보는 정도 이상으로 빤히 쳐다보면 사람들은 불편함을 느낀다. 때로는 그것을 공격적인 행동으로 이해하기도 한다. 따라서 행인들은 서로에게 시선을 고정시키지 않고 관심이 없는 척한다. 사회학자 어빙 고프만(Erving Goffman)은 이를 "공손한 무관심(civil inattention)"이라고 부른다. 이런 공손한 무관심은 사회적 삶의 과정에서 형성된 사회적 산물로서 일상에서의 상호작용을 원활하게 지속시키기 위해 필요한 규칙이다. 사회학은 이처럼 일상에서의 상호작용을 가능하게 하는 언어적, 비언어적 소통의 유형과 과정들을 연구한다. 「달의 궁전」의 주인공 M. S. 포그가 뉴욕의 길거리에서 관찰한 행인 간의 "필연적인 무관심"은 바로 공손한 무관심이 작동하고 있는 현장을 목격한 것이다.

공손한 무관심이 위반될 때의 결과는 일상에서 쉽게 실험해 볼 수 있다. 엘리베이터에서 옆에 서 있는 사람의 옆얼굴을 아무 말도 하지 않고 뚫어지게 쳐다보라, 가능하면 그 사람이 내릴 층에 도달할 때까지. 지하철이나 버스에서도 실험이 가능하다. 텅 빈 지하철 칸이나 버스에 승객이 한 사람만 있다면 그 승객 바로 옆자리에 살포시 앉아서 세 정거장만 가 보라. 아마 포그가 설명하듯이 "사람들로부터 적대적이고 때로는 난폭한 반응"을 불러일으킬 것이다. 이 실험의 결과에 대해 책임질 수 있는 독자들만 실제로 실험해 볼 것을 권한다. 사람들은 말로 하지 않더라도 끊임없이 주위 사람들에게 신호를 보내고 있다. 사회적으로 약속된 이런 신호들이 구성원들의 행동을 규칙화시키고 사회적 상호작용을 원활하게 만든다.

센트럴파크에서의 변태적 행위

사회학적 통찰력이 보이는 또 하나의 묘사는 공간에 의한 행동의 질서화에 관한 것이다. 포그는 길거리에서 용인되지 않는 행동들이 공원에서는 용인되는 경우를 언급한다.

> 우리는 비틀거리거나 주저앉아서도 안 되고, 담벼락을 부둥켜안아서도 안 되고, 노래를 불러서도 안 된다. [……] 그러나 센트럴파크에서의 삶은 내게 훨씬 더 광범위한 변태적 행위를 허용했다. 거기에서는 내가 벌건 대낮에 잔디밭에서 큰대 자로 누워 잠을 청해도 이상하게 쳐다보는 사람이 아무도 없었다. 또 내가 나무 밑에 앉아 아무 일도 하지 않건, 클라리넷을 불건, 목청껏 큰 소리로 고함을 지르건, 누구도 눈 하나 깜짝하지 않았다. [……] 길거리에서는 그들에게 경계심을 불러일으켰을 바로 그런 행동이 그저 재미로 하는 것 정도로 치부되었다.
>
> ― 『달의 궁전』, pp. 85~86

동일한 행동인데 어떤 공간에서는 해도 되고 다른 공간에서는 하면 안되는 행동들이 있다. 농구 경기가 열리는 실내체육관에서는 자신이 좋아하는 팀을 큰 소리를 치며 응원할 수 있다. 영화관에서 영화를 볼 때는 자기가 흠모해 마지않는 배우가 등장한다고 해서 큰 소리로 배우의 이름을 부르지 않는다. 공간에 따라 행동이 달라지는 것은 공간이 사회적으로 '영역화'되어 있기 때문이다. 공간은 우리의 행동에 질서를 부여하는 중요한 축이다. 강의실에서 기대되는 행동과 식당에서 기대되는 행동은 다르다. 도서관에서는 누가 강제하지 않아도 정숙을 유지한다.

특정 공간에서 특정 행동을 하거나 하지 말아야 한다는 것은 누가 정할까? 사회가 정한다. 각 공간마다 사회적으로 합의된 용도가 주어지면 사람들은 공간의 용도에 맞게 행동한다. 포그도 영역화된 공간의 위력을 직접 경험했다. 길거리에서 해서는 안 되는 행동들이 센트럴파크에서는 아무런 방해도 받지 않는다. 같은 행동에 대해 다르게 반응하는 공간의 이질성을 포그는 이렇게 이해했다.

> 공원은 내게 문턱, 경계선, 내면과 외면을 구분하는 방법을 제공했다. 길거리에서는 어쩔 수 없이 나 자신을 다른 사람들이 보는 식으로 볼 수밖에 없었지만, 공원은 나에게 내면적 기회를 주었다.
>
> – 『달의 궁전』, p. 86

"자신을 다른 사람들이 보는 식으로 볼 수밖에 없는" 공간은 어디이고 내면적인 성찰을 할 수 있는 공간은 어디인지 한번 생각해 보라. 그리고 두 공간의 차이를 분석해 보라. 당신은 이미 사회학적 통찰력을 발휘하고 있다.

즐거운 사회학을 위하여

이제 이야기를 마무리할 시간이다. 우리는 소설 속에 등장하는 사회학을 크게 두 가지 주제로 나누어 이야기했다.

첫 번째 주제는 소설에 비친 사회학의 이미지로서, 이 책의 제1장과 제2장에서 다루었다. 특히 제1장에서는 사회학에 대한 무관심, 오해, 부정적인 이미지 등이 묘사된 소설 여섯 편을 살펴보았고, 제2장에서는 사회학에 대해 긍정적으로 묘사한 세 작품을 소개했다. 제2장은 제1장에 대한 사회학의 응답이라고 할 수 있겠다. 사회학자의 바람직한 태도를 사라 리빙스턴 교수를 통해 보여 주었고(〈디스트릭트 9〉), 사회학이 폐허로부터 사회를 재건하는 데 얼마나 유용할 수 있는지를 글렌 베이트먼 교수를 통해 보여 주었으며(『스탠드』), 또한 고민하는 젊은이들에게 길을 제시해 주는 사회학의 역할을 멋쟁이 사회학자 타니가와 슈지 교수를 통해 보여 주었다(〈결혼하지 않는다〉).

사회학에 대한 긍정적인 묘사로부터 우리는 자연스럽게 두 번째 주제인 사회학의 정체에 대한 설명으로 옮겨 갔다. 이 책의 후반부에서 우리는 소설에서 발견되는 사회학에 대한 단서들을 중심으로 하여 사회학의 몇몇 중요한 측면들을 설명하고자 시도했다. 사회학의 탐구 대상, 사회조사방법, 사회문제에 대한 관심과 사회학적 관점의 차이, 그리고 사회학적 관점이 주축이 된 소설의 사례 등이 후반부의 소주제들을 구성했다. '오해로부터 사회학 구하기' 작업이라고 할까. 앞서 제2장에서 다룬 이상적인 사회학자들이 취하는 관점과 기본적인 방법론을 보다 자세히 설명함으로써 사회학의 특징과 역량을 이해하고자 하는 것이 후반부의 목표였다.

사회학을 소개하기 위해 굳이 소설을 동원한 이유는 소설이 재미있기 때문이다. 가능하면 재미있는 방법으로 독자 여러분을 사회학의 세계로 초대, 아니 '유인'하고 싶었다. 허구인 소설과 사실을 추구하는 사회학이 서로 어울리지 않아 보이지만, 사실을 이해하는 도구로 허구를 활용하는 것은 과학의 오랜 전통이기도 하다. 김영하의 소설 「나는 나를 파괴할 권리가 있다」에서 말하듯이 "허구는 실제 사건보다 쉽게 이해"되기 때문이다(『나는 나를 파괴할 권리가 있다』, p. 58).

아닌 게 아니라 소설 또는 허구(fiction)는 사회학과 방법론만 다를 뿐, 사회를 보고, 분석하고, 이해하는 데 매우 유용한 관점을 제공한다. 사회학이 과학적으로 엄격한 과정을 통해 사회를 분석한다면 소설은 마음껏 상상력과 창조성을 동원해 과거에 있었음직한 일과 미래에 있을법한 사회의 모습들을 생생하게 그려 낸다. 토마스 모어의 「유토피아」, 조지 오웰의 「1984년」, 올더스 헉슬리의 「멋진 신세계」와 같은 고전 소설들을 읽으면 당시 사회의 구조적 문제들, 새로이 등장하는 기술의 사회적 파급 효과와 그 부정적 영향에 대한 우려 등이 이해된다. 별로 지루하지도 않게 말이다.

만약 현대 인도사회의 여러 측면들 — 예컨대 카스트제도, 인도식 민주주의, 발전의 이중성, 빈부격차, 가족관계와 기능 등 — 을 알고 싶다면 아라빈드 아디가의 「화이트 타이거」를 읽어 보라. 그 어떤 사회과학적 분석보다도 생동감 있게 당신을 인도 사회 한가운데로 끌고 가서 인도의 모습을 입체적으로 보여 주고 이해시켜 줄 것이다. 조슈아 페리스의 「호모 오피스쿠스의 최후」를 읽다 보면 웃고 키득거리는 사이에 미국 직장 조직의 작동과 그 안에서의 인간관계가 머릿속에 정리될 것이다. 현대 한국 사회에서 젊은이들이 당면한 사회적 모순을 이해하고 싶다면? 김영하의 「퀴즈쇼」를 추천한다. 탈북자들이 우리 사회에서 어떤 삶을 사는지 궁금하지 않은가? 강희진의 「유령」이 보여 줄 것이다. 이 책에서 다룬 「헬프」가 미국 남부의 인종차별 문제를 보여 주고, 카밀레리, 만켈, 미야베의 추리소설들이 각각 이탈리아, 스웨덴, 일본의 사회문제들을 보여 주는 것처럼, 이 소설들도 사회와 집단과 조직들에 대해 사회학 못지않게 깊은 통찰력을 담고 있다.

소설이 그처럼 사회학적 통찰력이 풍부하다면 사회학이 따로 필요 없는 것 아닌가? 문제는 소설은 사회학적 통찰력을 담을 수는 있으나 과학적 객관성에 대한 책임을 지지 않는다는 데 있다. 바로 여기에 사회학과 소설의 생산적인 만남을 위한 접점이 생긴다. 소설이 보여 주는 통찰력을 사회학이 검증해 주면, 사회학은 소설의 이야기를 활용해 보다 재미있게 스스로를 이해시킬 수 있고, 소설은 독자층을 확장시킬 수 있다. 그리고 독자들 입장에서는 소설도 읽고 사회학적 관점에도 익숙해지는 일거양득의 성과를 얻을 수 있다. 이 책이 그런 가교 역할을 할 수 있다면 더 바랄 것이 없다.

이 책에서는 사회학 이야기를 하기 위해 사회학이 언급되거나 등장하는 소설만 살펴보았지만, 여러분이 읽는 소설에 사회학이 등장하지 않더라도 여러분은 얼마든지 그 소설이나 영화에서 사회학적 통찰을 경험할 수 있다. 소설을 읽는 행위 자체가 사회학적 경험이기 때문이다. 소설이나 영화뿐만 아니라 무엇인가를 보거나 읽는 것은 사회의 변화를 경험하는 것이다. 기성세대는 젊은 세대에게 '요즘 젊은 아이들'은 책을 읽지 않는다고 꾸짖지만, 생각해 보면 평소에 읽는 문자의 총량이 지금의 젊은이들보다 더 많았던 때가 과연 우리 역사상 존재했는지 궁금해진다. 한반도에서 문자로 기록을 시작한 이래 대부분의 기간 동안 문자 해독 가능자의 수는 불가능자의 수보다 월등히 적었다. 인구의 대다수가 읽을 수 있는 능력을 갖추게 된 것은 불과 몇십 년 전의 일로, 긴 역사의 시계에 비추어 보면 극히 최근의 일이다. 모든 시민이 독서를 할 수 있고 또 그러기를 기대한다는 것은 역사적으로 매우 독특한 현상인 것이다. 그런데 이 짧은 독서의 역사 속에서도 기술이 발전하고 그에 따라 매체가 다양화되면서 독서 수단이 급격히 변하게 되었다. 종이책이 아니더라도 얼마든지 독서를 할 수 있게 되었다. 버스나 지하철에서 스마트폰으로 무엇인가를 읽는 것은 일상이 되었다. 이제는 종이책이 손에 쥐어 있지 않다고 해서 독서 중이 아니라고는 더 이상 말할 수 없게 된 것이다.

지금까지 우리가 소개한 소설을 읽은 장소와 방법들을 돌이켜보아도 사회변동, 특히 기술의 혁신이 우리의 독서 행위에 미치는 영향의 크기를 가늠할 수 있다. 이 책에서 가장 먼저 소개한 「다른 종류의 결함」은 정확히 말하자면, 우리가 읽은 것이 아니라 들은 것이었다. 팟캐스트에 업로드되어 있는 이 작품의 파일을 아이팟에 내려받은 후 자동차의 스테레오 시스템에 연결해서 운전하며 가는 중에 들었다. 나중에 종이책으로 다시 읽고 싶어서 구입했는데, 국내 서점에는 없어서 미국의 인터넷 서점인 아마존에 주문해서 받아 보았다. 이제는 소설을 구매하고 읽는 과정이 공간과 시간의 구애를 별로 받지 않게 되었다. 한 세대 전만 하더라도 상상하기 어려운 소설 읽기 방법이지 않은가?

카밀레리의 몬탈바노 형사 시리즈는 대부분 전자책으로 읽었다. 장시간 비행기를 타고 장기간 여행을 할 때 전자책은 훌륭한 여행의 동반자가 되어 준다. 전자책 단말기는 종이책 한 권보다 무게가 가벼우면서도 여기에 수천 권의 책을 저장할 수 있으므로, 이것을 소지하는 것은 작은 도서관 하나를 가방에 담아 여행지로 가지고 다니는 것과 다름없다. 여행할 때 어떤 책을 가져가고 어떤 책을 포기할지 더 이상 걱정하지 않아도 된다. 무선 인터넷이 있는 곳이라면 어디서든지 순식간에 책을 구매할 수 있으므로 여행지에 서점이 없거나 서점에 원하는 책이 없더라도 아무 문제가 없다. 이 역시 경이로운 것이다. 기술의 발전이 우리의 삶의 방식을 어떻게 변화시켰는지를 연구하는 것은 사회학의 주된 관심 분야 중 하나다. 당신이 어떤 매체를 이용하여 소설을 읽고 있는지, 그 소설은 어떻게 제작되었는지, 어떤 경로로 인기를 끌게 되었는지, 새로운 독서 매체의 도입이 도서 산업을 어떻게 재편성하게 되었는지, 서점들은 어떤 변화를 겪었는지 등등에 대한 호기심은 모두 사회학적 관점과 연결되어 있다.

사회학을 소개하는 것이 이 책의 주된 목적이기는 하지만, 그렇다고 여러분에게 사회학을 깊이 있게 공부하라거나 사회학자가 되라고 부탁하는 것은 아니다. 사회학적 관점, 사회학적 통찰력, 사회학적 상상력 등 부르는 이름은 다양할 수 있지만 이들 태도의 공통점은 우리 주위의 사회에 호기심을 가지고 이해를 하려고 노력한다는 점이다. 이런 노력은 우리 사회의 보이지 않았던 것들을 볼 수 있게 하고, 당연하게 여겼던 것들의 당연하지 않은 측면들을 인지하게 한다. 세계가 넓어지는 멋진 경험이다. 소설을 읽는 즐거움과 사회학적 상상력이 선사하는 확장된 세계의 경험에 여러분을 초대한다.

이 책에서 다룬 작품들을 이미 접한 독자도 있겠지만, 그렇지 않은 이들도 있을 것이다. 여기서 소개한 책들은 대부분 쉽게 접할 수 있는 것들이다. 영화나 드라마도 그러하다. 외국서는 우리말로 번역된 책도 좋고, 외국어에 익숙한 독자라면 원서를 읽는 것도 좋겠다. 자, 그럼, 이 책에서 소개한 작품들을 함께 따라가 보자.

●「A Different Kind of Imperfection」(Thomas Beller, 2005)
열여섯 쪽밖에 되지 않는 짧은 단편소설로, 이 책에서 「다른 종류의 결함」이라는 제목으로 소개했다. 이 작품은 『Seduction Theory(유혹 이론)』이라는 단편소설집에 실려 있는데, 아쉽게도 한글로 번역된 책은 아직 없다. 읽는다기보다 느낀다고 표현하는 것이 더 적절할 정도로 작품 자체에서 풍기는 분위기가 인상적이고 시적이다. 『Seduction Theory』(W. W. Norton & Co Inc, 2005)의 책장을 넘기고 있노라면 뉴욕에 가고 싶어질 것이다.

●「容疑者Xの献身」(東野圭吾, 2005)
히가시노 게이고(東野圭吾)의 소설 「용의자 X의 헌신」이라는 제목으로 우리나라에서는 2006년에 번역되어 현대문학에서 발간하였다. 수학적 계산으로 범죄를 은폐하려는 용의자, 그리고 그 계산의 허점을 논리적으로 파헤치는 물리학자 사이의 두뇌싸움이 이야기의 중심이다. 배경을 이루는 은둔형 외톨이, 노숙자, 가정 폭력 등 일본의 사회 문제들도 주목하며 『용의자 X의 헌신』(양억관 역, 현대문학, 2006)을 읽어 보자.

●「차나 한잔」(김승옥, 1964)

1960년대 한국 사회를 섬세한 묘사로 그려낸 작가 김승옥, 그의 대표적 단편소설 중 하나로 꼽히는 이 작품이 다른 작품들과 『무진기행』이라는 이름으로 출간된 책만 해도 상당히 많다. 「차나 한잔」의 주인공은 신문에 네 컷 만화를 연재하는 만화가이다. 작가인 김승옥도 대학생 때 아르바이트로 신문에 연재만화를 그렸다고 한다. 이 작품을 읽다 보면, 미국 신디케이트 만화의 유입, 삼분 폭리, 클로로마이신, 지하 다방, 레지, 변소 등의 이슈 및 단어들을 따라가며 1960년대의 서울을 거닐게 될 것이다. 김승옥 소설 전집 제1권으로 출간된 『무진기행』(현대문학, 2004)에서는 총 열다섯 편의 주옥같은 단편소설을 만날 수 있다.

●「라하트 하혜렙」(조성기, 1985)

이 작품은 조성기의 장편소설로, 젊은이의 군대 생활과 신앙과 성에 대한 고민과 갈등을 '불'을 매개로 묘사한 작품이다. '라하트 하혜렙'이란 우리말 성경에서 '화염검'으로 번역된 것으로, '불'과 '칼'의 이미지가 어우러진 것이다. 이 소설은 동명의 책으로 1985년에 출간되었으나, 2013년에 개정판으로 다시 출간되었다. 우리가 소설 속 사회학자를 다루려 의논할 때 가장 먼저 동시에 떠올린 작품이 바로 이것이다. 대학 시절 수업 시간에 교수님이 여담으로 이 작품을 언급하셨던 것을 우리 둘다 기억하고 있었기 때문이다. 수업 내용은 기억에서 말끔히 사라져도 수업과 관계없는 내용들은 오래도록 남는 법이다. 개정판 『라하트 하혜렙』(민음사, 2013)을 읽으면, 현대적인 문체로 당시 사회를 접할 수 있다.

●「The Finkler Question」(Howard Jacobson, 2010)

하워드 제이콥슨(Howard Jacobson)은 영국의 소설가이자 비평가이다. 장편소설이자 유머소설로 일컬어지는 이 작품은 2010년 영국 최고 권위의 문학상인 맨부커상을 수상했다. 원제를 그대로 번역하면 '핑클러의 문제', 여기서 핑클러는 소설 속에 등장하는 유대인의 이름이지만, 작중에서 유대인들을 가리키는 것으로 표현되는 부분이 나온다. 우리나라에서는 「영국 남자의 문제」로 번역되었는데, 정확히는 '영국 유대인 남자 두 사람과 이들을 동경하는 영국 남자 한 사람의 문제'가 되겠다. 노년의 은사와 중년의 제자 두 명 간의 수십 년 동안 지속되는 우정도 묘사되어 있다.

부러운 사제관계다. 영국식 농담에 익숙하지 않은 독자라 해도 『영국 남자의 문제』(윤정숙 역, 은행나무, 2012)를 읽어 보면, 눈물과 웃음 속에 인생의 달콤쌉쌀함을 느낄 수 있을 것이다.

● 〈사물의 비밀〉(이영미, 2011)

이영미 감독이 각본을 쓰고 연출한 이 영화는 비밀을 간직한 사람들의 사랑을 사물의 관점에서 그린 영화다. 마흔 살의 이혜정 교수(장서희 분)와 스물한 살의 제자 우상(정석원)의 사랑과 욕망을 복사기와 디지털 카메라의 입장에서 묘사한 것이 재밌다. 같은 사회학과 교수로서 이혜정 교수의 연구실에 꽤 탐난다. 극중인물인 횟집 여자의 혼외정사 경험을 인터뷰하는 과정에서 영상이 다소 자극적이기는 하지만, 영화를 보면 신분과 나이를 넘어선 주인공들의 사랑과 욕망에 어느새 미소를 짓게 될 것이다. DVD로 접하거나 인터넷 영화 사이트에서 내려받아서 볼 수 있다.

● 「The Stand」(Stephen King, 1978)

「쇼생크 탈출」, 「미저리」 등 수많은 베스트셀러 소설을 써낸 미국의 대표적인 대중 소설 작가 스티븐 킹(Stephen King), 그의 또 다른 대표작인 이 작품에 사회학계에서 가장 유명한 허구의 사회학자가 등장한다. 글렌 베이트먼 교수를 알고 있다면 당신은 이미 사회학에 빠져 있는 것이다. 스티븐 킹의 작품은 손에서 놓기 어려울 만큼 재미있지만, 여행의 동반자로는 좋지 않다는 것을 경험했다. 이 작품은 미국에서 4부작 드라마로 제작되어 국내에서 「미래의 묵시록」으로 방영되기도 했다. 할리우드에서 영화로 제작되면 굳이 책을 읽지 않아도 영화로 접할 수 있겠지만, 소설 읽기를 즐기는 독자라면 책 『스탠드』(조재형 역, 황금가지, 2007)로 만나는 것도 좋겠다.

● 〈District 9〉(Neill Blomkamp, 2009)

닐 블롬캠프(Neill Blomkamp)가 각본을 쓰고 연출한 이 영화는 2010년 새턴 어워즈에서 최우수 국제영화상을 그에게 안겨 주었다. 이 영화에는 우리의 상상과 동떨어진, 흉한 몰골에 무기력하기 짝이 없는 우주인들이 등장한다. 우주인들을 등장시키지만, 사실은 인간 사회의 편견, 욕심, 이기심에 관한 우화적인 이야기이다. 재미

있고 좋은 영화가 꼭 좋은 데이트 무비인 것은 아니라는 점을 일깨워 준 영화다. 국내에서는 〈디스트릭트 9〉로 개봉되었으며, DVD로 만날 수 있다.

● 〈結婚しない〉(후지 TV, 2012)
일본 후지 TV에서 11부작으로 제작한 드라마 〈결혼하지 않는다(結婚しない)〉는 현대사회에서 결혼이 개인의 경험에 의해 구성되는 것임을 그린 드라마이다. 이 드라마는 사회학이란 사회 현상을 통계적으로 설명하는 학문이라는 인상을 주기 쉽다. 통계적 설명은 사회학의 중요한 '한 부분'이지 전부는 아니다. 모든 사회학 교수가 드라마의 타니가와 교수처럼 멋쟁이는 아니라는 것도 이해할 필요가 있다.

● *Sh*t My Dad Says*(Justin Halpern, 2010)
이 책의 저자인 저스틴 핼펀(Justin Halpern)은 맥심닷컴의 편집자이며, 그의 트위터는 가장 영향력 있는 세계 100대 트위터로 꼽히며 100만 팔로워를 이끌고 있다. 그가 @ShitMyDadSays라는 이름으로 트위터를 연 지 4개월 만에 화제의 트위터가 되어, 그 내용이 책과 시트콤으로 제작되기에 이른다. 이 책은 국내에서는 『병신 같지만 멋지게』(호란 역, 웅진지식하우스, 2011)라는 이름으로 발간되었다. 이 책은 독자들에게 아버지와의 추억을 회상하게 하고 아버지에 대한 감사를 불러일으킨다. 당신은 지금 웃음이 필요한가? 그럼, 이 책을 꺼내 아무 쪽이나 펼쳐 읽어 보라.

● 『아내가 결혼했다』(박현욱, 2006)
기발한 상상력이 돋보이는 작가 박현욱의 장편소설이다. 박현욱은 이 작품으로 2006년 제2회 세계문학상을 수상했다. 이 소설은 일처다부를 꿈꾸는 여성의 이야기이다. 소설을 잘 읽다 보면 일부일처제 배후에 있는 가부장적 권력의 힘과 만나게 된다. 결혼 제도의 사회적 성격에 관한 사회학적 통찰이 녹아 있는 작품이다. 축구에 관한 소소한 지식들을 잔뜩 얻게 되는 것은 의외의 보너스다. 이 소설은 동명의 영화로도 제작되어 손예진, 김주혁이 주연을 맡아 큰 반향을 일으켰다. 영화도 재밌지만, 이 책 『아내가 결혼했다』(문이당, 2006)를 읽다 보면 시간 가는 줄 모르고 빠져들게 될 것이다.

●「火車」(宮部みゆき, 1992), 「模倣犯」(宮部みゆき, 2001)

미야베 미유키(宮部みゆき)는 일본 최고의 미스터리 작가로 꼽히는 여류작가이다. 우리나라의 팬들 사이에서 '미미여사'라는 애칭으로 불린다. 그녀의 추리소설들은 범죄의 사회구조적 원인을 부각시키는 경향이 있다. 두 작품도 그러한 부류인데, 전자는 신용경제의 덫에 걸린 두 여성에 관한 이야기이고, 후자는 증거를 남기지 않는 완전 범죄를 통해 사회로부터 '인정'을 획득하고자 하는 청년에 대한 이야기다. 국내에서는 각각 『화차』(양억관 역, 문학동네, 2012), 『모방범』(양억관 역, 문학동네, 2006)으로 발간되었다. 전자는 특히 국내에서도 동명의 영화로 제작·개봉되어 많은 사랑을 받았다. 추리소설을 좋아하는 독자들이라면 두 작품 모두 책으로 꼭 읽어 보기를 권한다.

●「The Help」(Kathryn Stockett, 2009)

작가 캐스린 스토킷(Kathryn Stocket)의 첫 소설인 이 작품은 베스트셀러로 미국에서만 300만 부가 판매되었다. 작품의 배경은 흑인에 대한 차별이 강하게 존재하던 1960년대 미국 남부다. 인종 차별적인 행동과 태도들이 구체적이고 생생하게 묘사되어 있다. 자신들이 키운 백인 아이들이 성장한 후 그들로부터 차별받게 되는 것을 경험하는 흑인 가정부들의 관점이 중요한 이야기의 축을 이룬다. 소설을 읽는 내내 가정부 미니가 만든 음식의 맛이 궁금해진다. 이 작품은 2011년에 동명의 영화로도 만들어졌으며, 국내에서도 〈헬프〉로 개봉되어 큰 인기를 끌었다. 책 『헬프』(정연희 역, 문학동네, 2011)를 직접 읽어 보면 더욱 흥미진진할 것이다.

●「Moon palace」(Paul Auster, 1989), 「The Locked Room」(Paul Auster, 1986)

폴 오스터(Paul Auster)는 기발한 발상이 돋보이는 작가다. 이 두 작품도 그러하다. 전자는 국내에서 「문 팰리스」로도 「달의 궁전」으로도 번역되었는데, 『달의 궁전』(황보석 역, 열린책들, 1997)이 읽을 만하다. 후자는 「잠겨 있는 방」으로 번역되어, 『뉴욕 3부작』(황보석 역, 열린책들, 2009)에 수록되었다. 전자는 어머니의 가족에서 여자 친구, 그리고 아버지의 가족으로 이어지는 주인공의 관계의 여정을 그리고 있다. 후자는 친구의 계획에 갇혀 친구의 삶을 대신 살게 되는 소설가의 이야기다. 두 작품 모두 현대 사회에서의 개인의 정체성 문제를 다루고 있다고 볼 수 있다. 폴 오스터의 작품들은 배경이 주로 뉴욕이다. 토마스 벨러가 「A Different Kind of Imperfection(다른 종류의 결함)」에서 그린 뉴욕과 폴 오스터가 이 작품에서 그린 뉴욕은 전혀 다른 느낌이다. 오스터의 작품을 읽다 보면 독자는 마치 뉴욕의 뒷길을 걷는 느낌을 갖게 된다. 「뉴욕 3부작」에서는 「잠겨 있는 방」 외에도 두 편의 중편소설을 접할 수 있다.

도움받은 글들

소설

강희진. 2011. 『유령』. 은행나무.

김승옥. 1995(1964). 「차나 한잔」. 『무진기행』. 문학동네.

김영하. 1996. 『나는 나를 파괴할 권리가 있다』. 문학동네.

_____. 2007. 『퀴즈쇼』. 문학동네.

마텔, 얀. 2004(2001). 『파이 이야기』. 공경희 역. 작가정신.

미야베 미유키. 2006(2001). 『모방범』. 양억관 역. 문학동네.

_____. 2012(1992). 『화차』. 이영미 역. 문학동네.

박현욱. 2006. 『아내가 결혼했다』. 문이당.

반스, 줄리언. 2012(2011). 『예감은 틀리지 않는다』. 최세희 역. 다산책방.

스토킷, 캐스린. 2011(2009). 『헬프』. 장연희 역. 문학동네.

아디가, 아라빈드. 2009(2008). 『화이트 타이거』. 권기대 역. 베가북스.

오스터, 폴. 1997(1989). 『달의 궁전』. 황보석 역. 열린책들.

_____. 2003(1985). 「잠겨 있는 방」. 『뉴욕 3부작』. 황보석 역. 열린책들.

_____. 2004(1995). 『빨간 공책』. 김석희 역. 열린책들.

제이콥슨, 하워드. 2012(2010). 『영국 남자의 문제』. 윤정숙 역. 은행나무.

조성기. 1985. 『라하트 하헤렙』. 민음사.

킹, 스티븐. 2007(1978). 『스탠드』. 조재형 역. 황금가지.

페리스, 조슈아. 2009(2007). 『호모 오피스쿠스의 최후』. 이나경 역. 이레.

히가시노 게이고. 2006(2005). 『용의자 X의 헌신』. 양억관 역. 현대문학.

Beller, Thomas. 1995. "A Different Kind of Imperfection," in *Seduction Theory*.
    New York: Norton.

Camilleri, Andrea. 2002(1994). *The Shape of Water*, translated from Italian by
Stephen Sartarelli. New York: Penguin Books.

_____. 2003(1996). *The Terra-cotta Dog*, translated from Italian by
Stephen Sartarelli. New York: Penguin Books.

_____. 2003(1997). *Voice of the Violin*, translated from Italian by Stephen
Sartarelli. New York: Penguin Books.

_____. 2005(1996). *The Snack Thief*, translated from Italian by Stephen
Sartarelli. New York: Penguin Books.

_____. 2005(2000). *Excursion to Tindari*, translated from Italian by
Stephen Sartarelli. New York: Penguin Books.

_____. 2006(2003). *Rounding the Mark*, translated from Italian by Stephen
Sartarelli. New York: Penguin Books.

_____. 2007(2000). *The Scent of the Night*, translated from Italian by
Stephen Sartarelli. New York: Penguin Books.

_____. 2008(2004). *The Patience of the Spider*, translated from Italian by
Stephen Sartarelli. New York: Penguin Books.

_____. 2010(2007). *The Track of Sand*, translated from Italian by Stephen
Sartarelli. New York: Penguin Books.

King, Stephen. 1991(1978). *The Stand*. New York, NY: Signet.

Mankell, Henning. 2003(1991). *Faceless Killers*, translated from Swedish by
Steven T. Murray. New York: Vintage Crime/Black Lizard.

_____. 2004(1992). *The Dogs of Riga*, translated from Swedish by Laurie
Thompson. New York: Vintage Crime/Black Lizard.

_____. 2009(1993). *The White Lioness*, translated from Swedish by
Laurie Thompson. New York: Vintage.

_____. 2010(2008). *The Man from Beijing*, translated from Swedish by
Laurie Thompson. New York: Vintage Crime/Black Lizard.

_____. 2011(1996). *The Fifth Woman*, translated from Swedish by Steven
T. Murray. New York: Vintage Crime/Black Lizard.

Stockett, Kathryn. 2011(2009). *The Help*. New York, NY: Berkley.

Vachss, Andrew. 1995. *Batman: The Ultimate Evil*. Warner Books. New York, NY: Warner Books.

비소설

Auster, Paul. 2012. *Winter Journal*. New York: Henry Holt and Company.

_____. 1955. *The Red Notebook*. London, UK: Faber and Faber.

Halpern, Justin. 2010. *$#*! My Dad Says*. New York: It Books.

영화

〈디스트릭트 9(District 9)〉. 닐 블롬캠프 감독. 2009.

〈사물의 비밀〉. 이영미 감독. 2011.

드라마

〈결혼하지 않는다(結婚しない)〉. 후지TV. 2012.

2차 문헌

강흥수. 2009. 『여론조사, 과학인가 예술인가?』. 리북.

다이아몬드, 제러드. 2005(1997). 『섹스의 진화』. 임지원 역. 사이언스북스.

밀즈, C. 라이트. 2004(1959). 『사회학적 상상력』. 강희경, 이해찬 역. 돌베개.

다케우치 요우. 2010(2008). 『세계 명저 사회학 30선』. 최선임 역. 지식여행.

若林幹夫. 2007. 『社會學入門一步前』. NTT出版.

Berger, Peter. 1963. *Invitation to Sociology: A Humanistic Perspective*. New York, NY: Anchor Books.

Bjorklund, Diane. 2001. "Sociologists as Characters in Twentieth-Century

Novels." *The American Sociologist* 32:23-41.

Christian, Nichole M. "All-Out Fight in Detroit to Keep Census Above a Million"(May 2, 2000). *The New York Times*.

Conklin, E. John. 2009. "Sociology in Hollywood Films." *The American Sociologist* 40:198-213.

Goffman, Erving. 1959. *The Presentation of Self in Everyday Life*. New York. NY: Anchor Books.

Kramer, John. 1979. "Images of Sociology and Sociologists in Fiction." *Contemporary Sociology* 8:356-376.

Linebaugh, Kate. "Detroit's Population Crashes"(March 23, 2011). *The Wall Street Journal*.

인터넷 자료

〈노컷뉴스〉 2010년 4월 8일자. http://www.nocutnews.co.kr.

〈SBS 뉴스〉 2013년 6월 10일자. http://news.sbs.co.kr.

〈CNSNews.com〉 2011년 6월 29일자. http://www.cnsnews.com.

〈Gotham Gazette〉. http://www.gothamgazette.com. 2013년 10월 5일 검색.

〈International Visual Sociology Association〉. http://www.visualsociology.org. 2013년 10월 5일 검색.

〈PlaneCrashInfo.Com〉. http://planecrashinfo.com. 2013년 10월 5일 검색.

〈Yahoo Answers〉. http://answers.yahoo.com. 2013년 10월 5일 검색.

〈探偵ガリレオ〉 2007년 11월 9일자. http://horseground.cocolog-nifty.com.